ECON-Handbuch Studieren in Europa

−,50

ECON Praxis

Das Buch

Die Welt wird immer kleiner, Grenzen und Handelsbarrieren fallen. Deshalb sollte heutzutage jeder Student auch ein paar Semester oder ein ganzes Studium im Ausland in Erwägung ziehen. Kontakte mit anderen Kulturen, verbesserte Fremdsprachenkenntnisse und Kenntnis anderer nationaler Ausprägungen des jeweiligen Fachgebiets fördern die Job- und Karriereaussichten ganz erheblich.
Doch wo soll man was studieren, welche nationalen Bestimmungen sind zu beachten, welche Fördermöglichkeiten gibt es? Thomas Schindler stellt in diesem Buch eine große Auswahl der wichtigsten Universitäten mit ihren Fächerangeboten vor. Neben den EU-Ländern werden auch Norwegen, die Schweiz und die Türkei behandelt sowie ein Überblick über osteuropäische Länder geboten. Adressen der wichtigsten Ansprechpartner bieten eine wichtige Arbeitshilfe.

Der Autor

Thomas Schindler ist erfahrener Autor im Ratgeberbereich. Er lebt und arbeitet in Hamburg.

Thomas Schindler

ECON-Handbuch Studieren in Europa

Studienorte
Studiengänge
Sachangebote

ECON Taschenbuch Verlag

Veröffentlicht im ECON Taschenbuch Verlag
Originalausgabe

© 1996 by ECON Verlag GmbH, Düsseldorf
Umschlaggestaltung: INIT GmbH, Bielefeld
Die Ratschläge in diesem Buch sind von Autor und Verlag sorgfältig erwogen und geprüft; dennoch kann eine Garantie nicht übernommen werden. Eine Haftung des Autors bzw. des Verlags und seiner Beauftragten für Personen-, Sach- und Vermögensschäden ist ausgeschlossen.
Gesetzt aus der Candida und der Frutiger
Satz: Formsatz GmbH, Diepholz
Druck und Bindearbeiten: Ebner Ulm
Printed in Germany
ISBN 3-612-21279-6

Inhalt

Einleitung.................................... 7

Europäische Gemeinschaft, Norwegen,
Schweiz und Türkei........................... 13
Belgien... 14
Dänemark...................................... 26
Finnland....................................... 34
Frankreich..................................... 46
Griechenland.................................. 70
Großbritannien 77
Irland.. 93
Italien 103
Luxemburg....................................120
Niederlande 122
Norwegen.....................................136
Österreich....................................145
Portugal 153
Schweden.....................................165
Schweiz.......................................177
Spanien 185
Türkei...197

Osteuropa – Adressen von Ansprechpartnern....209

Register der Fächer 213

Einleitung

Die Welt wächst immer stärker zusammen. Wer heute studieren will, sollte sich die Mühe machen, einmal über den nationalen Tellerrand hinauszuschauen. Aber nur eine kleine Zahl von Studentinnen und Studenten wagen diesen Blick. Dabei gibt es neben vielen Unwägbarkeiten und Umstellungen eine ganze Reihe von Vorteilen: Zumindest das eine oder andere Semester in einem anderen Land kann Karriereaussichten und die eigene Persönlichkeit fördern – gerade im zusammenwachsenden Europa. Hier, und nicht nur in Japan und den USA, liegen für bundesdeutsche Studierende Chancen, Möglichkeiten und Perspektiven.

Doch was nützt, wo kann man sinnvoll (ergänzend) was studieren? Welches Land Europas hat was zu bieten? Welche Bedingungen muß der einzelne erfüllen, um an der jeweiligen Uni angenommen zu werden? Und, nicht zu unterschätzen, wie finanziert man das?

Wer die Chance hat, eine der Bildungsmessen zu besuchen, die unter anderem in Brüssel, Cordoba oder Wien stattfinden, sollte dies tun: Hier werden nicht nur bekannte Hochschulen vorgestellt, sondern auch Angebote, die vielleicht speziell für den einen oder anderen interessant sind.

Einen ersten Überblick über das Angebot im west- und osteuropäischen Ausland gibt dieses Buch: Wie sich das Studienangebot und die Studienbedingungen für bundesdeutsche Studierende darstellen, welche

Voraussetzungen allgemein zu erfüllen sind, wer Ansprechpartner ist. Nicht aufgeführt wurden Lehramtsfächer und -kombinationen sowie Übersetzerlehrgänge, da das Pädagogikstudium und Dolmetscherangebote in allen Ländern und nahezu an allen genannten Universitäten möglich ist. Unter dem Stichwort Philologie/Sprachen wurden die sprach- und literaturwissenschaftlichen Angebote zusammengefaßt.
Eine detaillierte Aufstellung hätte den Rahmen dieses Handbuchs gesprengt. Und noch ein Hinweis: Über die zahlreichen Angebote für Postgraduierte sowie über Sommerakademien und Sprachaufenthalte informiert der Deutsche Akademische Austauschdienst, der DAAD.

Wer sich für ein Land entschieden hat, sollte sich im ersten Schritt beim DAAD sowie bei Konsulaten und Kulturinstituten informieren und anschließend ausführlich beraten lassen: Welche Bedingungen sind zu erfüllen? Welche Sprachkenntnisse müssen gegebenenfalls nachgewiesen werden, welche Scheine werden anerkannt, welche nicht? Außerdem ist ein Gespräch mit einem Hochschullehrer anzuraten: Unter welchen Umständen lohnt sich der Auslandsaufenthalt, wann ist er sinnvoll, was sollte für die Rückkehr in die Bundesrepublik berücksichtigt werden? Dann sollte die gewählte Hochschule angeschrieben sowie die Finanzierung sichergestellt werden. Achtung: Manche Länder setzen einen Finanzierungsbescheid voraus.

Wenn diese Fragen geklärt sind, sollten Sie sich konkret bei der Hochschule Ihrer Wahl bewerben und alle geforderten Unterlagen beilegen – Fristen beachten! Gleichzeitig ist es ratsam, sich frühzeitig um anstehende Wohnungs- und Versicherungsfragen zu kümmern.

Doch nicht allein eine Studienzeit im Ausland ist anstrebenswert, auch Auslandspraktika und Famulaturen sind sinnvoll und werden von den unterschiedlichsten Institutionen wie beispielsweise IAESTE, der International Association for the Exchange of Students for Technical Experience, oder AIESEC, der Association Internationale des Étudiants en Science Économiques et Commerciales, unterstützt. Für Famulanten ist die Praktikantenstelle des Akademischen Austauschdienstes der Ansprechpartner.

Arbeiten in Europa: Zwar ist Jobben in den Ländern der Europäischen Gemeinschaft generell kein Problem, dennoch ist die Arbeitssuche nicht einfach. Auch in anderen Ländern ist Arbeit eine knappe Ware – und sich mit Sprachunterricht durchzuschlagen wird nicht jedem gelingen. Über Jobben im Ausland speziell nach Abitur und während des Studiums informiert die Zentralstelle für Arbeitsvermittlung, Auslandsabteilung, Postfach 170545, 60079 Frankfurt/Main, in der Broschüre »Jobben im Ausland«, die jährlich erscheint.

Länderförderungen in Europa

Nicht überall sind die Fächer gleich. Von Land zu Land werden die Studieninhalte durch die dortigen Fragestellungen und landesgeschichtlichen Besonderheiten definiert. Dennoch sind die Bildungssysteme in Europa generell vergleichbar, so daß es einem bundesdeutschen Studierenden immer möglich ist, seine

Fächer an einer anderen Hochschule der Europäischen Gemeinschaft zu studieren.

Alphabetisch werden in der Folge die Länder und Städte, in denen Universitäten zu finden sind, jeweils mit ihren Angeboten für deutsche Studierende aufgeführt. Außer den Ansprechpartnern in der Bundesrepublik werden das akademische Jahr, eine Auswahl der jeweiligen Hochschulen und anschließend einige Förderungsmöglichkeiten aufgeführt. Nur in Ansätzen und Auszügen können Fachangebot und Studiengänge der einzelnen Universitäten und Länder vorgestellt werden.

Auf Vollständigkeit mußte in jedem Fall verzichtet werden. Der DAAD und die Botschaft oder Konsulate der einzelnen Länder halten weitere Daten und Fakten über alle Hochschulen und deren Angebote für bundesdeutsche Studierende bereit.

Nach dem Auslandsaufenthalt: Für im Ausland erworbene Befähigungen gibt es keine allgemeine Anerkennung nach der Rückkehr in die Bundesrepublik. Entschieden wird nach dem Spruch der Hochschule oder bei Staatsprüfungen nach den Vorgaben der jeweiligen Prüfungsordnungen. Für Fächer im Gesundheitsdienst gilt, daß die Studierenden sich an die Landesbehörden des Bundeslandes wenden müssen, in dem sie ihre Studien weiterführen wollen. Für Deutsche, die im Ausland mit dem Studium der Medizin oder Pharmazie begonnen haben, ist die Behörde im Bundesland des jeweiligen Geburtsortes zuständig.

An dieser Stelle eine Anmerkung: Der Autor hat sich bemüht, so exakt und aktuell wie möglich alle notwendigen Fakten zusammenzustellen. Jedoch kann wegen der Menge der Daten und durch Kommunikationsprobleme – etwa beim Telefonieren – trotz aller Sorgfalt bei der Recherche weder eine Garantie noch eine Haftung für die Anschriften und fachliche Inhalte übernommen werden.

Europäische Gemeinschaft, Norwegen, Schweiz und Türkei

Gerade aus der Perspektive des Zusammenwachsens der Europäischen Gemeinschaft ist für bundesdeutsche Studierende ein Aufenthalt an einer der westeuropäischen Universitäten eine naheliegende Angelegenheit. Deshalb werden im folgenden die Staaten der EG sowie Norwegen und die Schweiz ausführlich vorgestellt. Zusätzlich wurde die Türkei aufgenommen. Eine Vollständigkeit wurde wegen des Umfangs und der Übersichtlichkeit nicht angestrebt. Informationen über alle Universitäten der Länder vermitteln der Deutsche Akademische Austauschdienst sowie die Botschaft und Konsulate der jeweiligen Staaten. Weitere wesentliche Anschriften stehen im Anschluß an die genannten Hochschulen der jeweiligen Länder.

Jedes Land und seine Universitäten setzen bestimmte sprachliche Fähigkeiten voraus. Im Einzelfall stehen die Ansprechpartner der Hochschulen oder die von Botschaften und Konsulaten mit Auskünften zur Verfügung. Für zwei häufig geforderte Sprachtests seien an dieser Stelle auch die Anschriften genannt:

TOEFL, Cito-TOEFL, PO Box 1203, NL–6801 Arnheim, TOEFL Test of English as a Foreign Language, PO Box 6154, Princeton, NJ 08541, USA
IELTS, International English Language Testing Service, British Council, 10 Spring Gardens, London SW1, England

Belgien

Zum Land: Von den knapp zehn Millionen Einwohnern des Landes siedeln deutlich über 50 Prozent im flämischen Norden und über 30 Prozent im französischen Süden mit seiner deutschsprachigen Minderheit. In der zweisprachigen Region der Hauptstadt Brüssel leben die übrigen Bürger inmitten des flämischen Sprachraums. Währung ist der belgische Franc. Belgien hat eines der dichtesten Verkehrsnetze der Welt. Zu den wichtigsten Handelspartnern gehören die Bundesrepublik, Frankreich und die Vereinigten Staaten.

Bundesdeutsche Studierende benötigen keine Aufenthaltsgenehmigung, müssen sich jedoch binnen acht Tagen bei der jeweiligen Kommunalverwaltung melden, um dort ins Ausländerregister eingetragen zu werden. Das anschließend ausgehändigte Formular berechtigt ein Jahr lang zum Aufenthalt in Belgien. Um es zu erhalten, muß man die Immatrikulationsbescheinigung der belgischen Uni sowie einen Finanzierungsnachweis vorlegen. Für letzteren genügt ein Stipendiennachweis oder die Bürgschaft der Eltern oder eines Belgiers.

Über *Vergünstigungen für Studierende* in Belgien informiert u. a. ACTRA – Association pour la Coopération avec l'étranger, rue de Madelaine 51, B–1000 Bruxelles.

Allgemeine Informationen/Fremdenverkehrsverein:
Belgisches Verkehrsamt, Berliner Allee 47, 40212 Düsseldorf

Studieren in Belgien: Für detaillierte Informationen über das belgische Hochschulsystem und die Angebote für bundesdeutsche Studierende ist die Kulturabteilung der belgischen Botschaft ein geeigneter Ansprechpartner. Wer ernsthaft einen Studienaufenthalt in Belgien erwägt, sollte an die jeweiligen Universitäten und Institute schreiben. Diese informieren ausführlich nicht nur über das vollständige Lehrangebot, sondern auch über die Formalitäten. Außerdem versenden sie auf Nachfrage die jeweils aktuellen Vorlesungsverzeichnisse.

Voraussetzung für Auslandssemester an einer belgischen Hochschule sind Abitur oder Fachabitur für die jeweils analogen Fächer. In Ausnahmefällen muß man darüber hinaus eine Aufnahmeprüfung ablegen, das betrifft beispielsweise angehende Architekten und Fachhochschüler. In der Bundesrepublik erbrachte Leistungen werden von den Hochschulen nur nach Einzelentscheid anerkannt. Für die Zeit des Studiums an einer belgischen Hochschule sollte man sich in der Bundesrepublik beurlauben lassen.

Über die konkreten Zulassungsvoraussetzungen sollten sich bundesdeutsche Studierende in jedem Fall bei der zuständigen – französischsprachigen – Administration oder der – flämisch sprechenden – Administratie erkundigen. Das bezieht sich vor allem auf die auch in diesem Land stark überfüllten Universitäten. Neben dem Gleichwertigkeitsnachweis der Hochschulbefähigung sind Sprachkenntnisse

Grundvoraussetzung. Je nach Region werden die Lehrinhalte in französischer oder flämischer Sprache vermittelt, so daß es in jedem Fall sinnvoll ist, sich neben den »normalen« Wortschatz die fachspezifischen Vokabeln anzueignen. Die meisten belgischen Hochschulen bieten Intensivkurse in den jeweiligen Sprachen an.

Das Hochschulsystem: Im Rahmen des belgischen Bildungswesens bestehen zwei unterschiedliche Formen von Institutionen: von öffentlicher Seite verwaltete und solche, die vom Staat unabhängig, aber gleichgeordnet sind. Letztere werden vor allem von konfessionellen Trägern geführt. Die Abschlußzeugnisse und Diplome werden als gleichwertig angesehen. Neben den 19 Ausbildungsorten mit Universitätsstatus gibt es zahlreiche weitere Institutionen u. a. für Industrie, Handel, Landwirtschaft und soziale Berufe sowie Pädagogik- und Kunsthochschulen.

Für die jeweiligen Fächer wird ein bestimmter Lerninhalt vorgeschrieben, der geprüft wird. Pro Fach darf der Studierende höchstens einmal durchfallen. Für das jeweils folgende Studienjahr erhält man die Zulassung nur nach dem Bestehen aller vorhergehenden Prüfungen. Das Studienjahr besteht aus zwei Semestern, es beginnt im September/Oktober. Ein bundesdeutscher Student muß sich für mindestens ein ganzes Studienjahr einschreiben.

Das Studium gliedert sich in unterschiedliche Stufen: Das Grundstudium, unterteilt in eine zwei- bis dreijährige Phase, die man als »candidat« oder »kandidaat« abschließt, sowie das spezialisierte Fachstudium. Danach steigt man normalerweise in den Beruf ein. Für Lehramtskandidaten gelten Sonderregelungen. Der Titel eines »docteur« oder »doctor« kann in einer weiteren Studienphase von denjenigen erworben werden, die auch anschließend wissenschaftlich oder forschend tätig sein wollen. Neben den genannten mehrphasigen langen Studiengängen werden von einigen Instituten Kurzstudien mit nur einer einzigen Studienstufe angeboten.

Kosten und Förderungen: In Belgien fallen je nach Hochschule unterschiedliche Studiengebühren an. Über die Gebühren informieren die Immatrikulationsbüros der Hochschulen.
Daneben müssen bundesdeutschen Studierende Kosten für Unterkunft in einem Studentenwohnheim und Verpflegung einplanen. Der Deutsche Akademische Austauschdienst vergibt Stipendien für Studierende und Graduierte. Die jährlich im April erscheinende Broschüre »Studium, Forschung, Lehre, Förderungsmöglichkeiten im Ausland für Deutsche« enthält Informationen über weitere Stipendien für Studienphasen und einzelne Projekte in Belgien. BAföG-Ansprechpartner ist das Amt für Ausbildungsförderung, Hannover, Röseler Straße 2, 30159 Hannover.

Hochschulen/Institute: Es wird neben den französisch- und flämischsprachigen Volluniversitäten und den Hochschulen mit speziellen Angeboten auch eine Auswahl weiterer Institute vorgestellt, alle mit einer Auswahl der angebotenen Fachrichtungen.

Antwerpen – Rijksuniversitair Centrum Antwerpen
Fachrichtungen: u. a. Biologie, Informatik, Naturwissenschaften, Ökonomie, Pharmazie.
Anschrift: Rijksuniversitair Centrum Antwerpen, Informatie en Public Relations, Groenenborgerlaan 171, B–2020 Antwerpen

Antwerpen – Universitaire Faculteiten Sint-Ignatius Antwerpen
Fachrichtungen: u. a. Gesundheitswesen, Jura, Ökonomie, Philologie/Sprachen, Philosophie, Politikwissenschaft.
Anschrift: Universitaire Faculteiten Sint-Ignatius Antwerpen, Dienst voor Studieadvies en Studentenbegeleiding/Sociale Dienst, Prinsstraat, B–2000 Antwerpen

Arlon – Fondation Universitaire Luxembourgeoise
Fachrichtungen: Naturwissenschaften.
Anschrift: Fondation Universitaire Luxembourgeoise, Service, B–6700 Arlon

Brüssel – Economische Hogeschool Sint-Aloysius
Fachrichtungen: Finanzwissenschaften, Handelsingenieurwesen, Wirtschaftswissenschaften.
Anschrift: Economische Hogeschool Sint-Aloysius, Stormstraat 2, B–1000 Brussel

Brüssel – Facultés Universitaires Saint-Louis à Bruxelles
Fachrichtungen: u. a. Geschichte, Jura, Sprach- und Kulturwissenschaften, Wirtschafts- und Sozialwissenschaften.
Anschrift: Facultés Universitaires Saint-Louis à Bru-

xelles, Service des Inscriptions, Boulevard de Jardin Botanique 43, B–1000 Bruxelles

Brüssel – Facultés Universitaire de Théologie Protestante
Fachrichtungen: Theologie- und Religionswissenschaften.
Anschrift: Facultés Universitaire de Théologie Protestante, rue de Bollandistes 40, B–1040 Bruxelles

Brüssel – Institut supérieur d'architecture Victor Horta
Fachrichtungen: u. a. Architektur, Innenarchitektur, Regionalplanung.
Anschrift: Insitut supérieur d'architecture Victor Horta, Université Libre de Bruxelles, Campus de la Pleine, Boulevard du Triomphe CP 248, B–1050 Bruxelles

Brüssel – Institut supérieur d'architecture Saint-Luc
Fachrichtung: Architektur
Anschrift: Institut supérieur d'architecture Saint-Luc, rue d'Irlande 57, B–1060 Bruxelles

Brüssel – Institut supérieur industriel ISIB
Fachrichtungen: u. a. Chemie, Elektrotechnik, Elektronik, Kernenergie, Mechanik.
Anschrift: Institut supérieur industriel ISIB, rue Royale, B–1000 Bruxelles

Brüssel – Institut supérieur industriel ECAM
Fachrichtungen: u. a. Elektromechanik, Ingenieurwissenschaften.
Anschrift: Institut supérieur industriel ECAM, rue du Tir 14, B–1060 Bruxelles

Brüssel – Institut national supérieur des arts du spectacle et techniques de diffusion INSAS
Fachrichtungen: u. a. Film, Theater, TV sowie Kommunikationstechniken.
Anschriften: Institut national supérieur des arts du spectacle et techniques de diffusion INSAS, rue Thérésienne 8, B–1000 Bruxelles

Brüssel – Koninklijk Conservatorium Brussel
Fachrichtung: Musik.
Anschrift: Koninklijk Conservatorium Brussel, Regentschapsstraat 30, B–1000 Brussel

Brüssel – Vrije Universiteit Brussel
Fachrichtungen: Volluniversität; u. a. Archäologie, Biochemie, Biologie, Geografie, Geologie, Gesundheitswesen, Informatik, Ingenieurwissenschaften, Jura, Medizin, Naturwissenschaften, Ökonomie, Pharmazie, Philologie/Sprachen, Philosophie, Politikwissenschaft, Psychologie.
Anschrift: Vrije Universiteit Brussel, Dienst Inschrijvingen/Studieadvies, Pleinlaan 2, B–1050 Brussel

Brüssel – Université Libre de Bruxelles
Fachrichtungen: u. a. Agrarwissenschaft, Biochemie, Biologie, Chemie, Geografie, Geologie, Geschichte, Gesundheitswesen, Informatik, Ingenieurwissenschaften, Journalismus, Jura, Marketing, Mathematik, Medizin, Naturwissenschaften, Pädagogik, Pharmazie, Philologie/Sprachen, Philosophie, Physik, Politikwissenschaft, Psychologie, Soziologie, Sprach- und Kulturwissenschaften, Theologie und Religionswissenschaften, Wirtschafts- und Sozialwissenschaften.

Anschrift: Université Libre de Bruxelles, Service des Inscriptions, Avenue F. D. Roosevelt 50, B–1050 Bruxelles

Gembloux – Faculté des Sciences Agronomiques de Gembloux
Fachrichtungen: Agrarwissenschaft.
Anschrift: Faculté des Sciences Agronomique de Gembloux, Service des Inscriptions, Passage des Déportés 2, B–5030 Gembloux

Gent – Rijksuniversiteit Gent
Fachrichtungen: u. a. Archäologie, Biochemie, Biologie, Geografie, Geologie, Gesundheitswesen, Informatik, Ingenieurwissenschaften, Jura, Medizin, Naturwissenschaften, Ökonomie, Pharmazie, Philologie/Sprachen, Philosophie, Politikwissenschaft, Psychologie, Theologie und Religionswissenschaften.
Anschrift: Rijksuniversiteit Gent, Rectoraat, Sint-Pietersnieuwstraat 25, B–9000 Gent

Löwen – Katholieke Universiteit Leuven
Fachrichtungen: u. a. Archäologie, Biologie, Geografie, Geologie, Geschichte, Gesundheitswesen, Informatik, Ingenieurwissenschaften, Jura, Medizin, Naturwissenschaften, Ökologie, Pädagogik, Pharmazie, Philologie/Sprachen, Philosophie, Politikwissenschaft, Psychologie, Sozialwesen, Wirtschaftswissenschaften.
Anschrift: Katholieke Universiteit Leuven, Office for International Relations, Universiteitshal, Naamsestraat 22, B–3000 Leuven

Lüttich – Institut supérieur de commerce, Ecole des hautes études commerciales EHEC, Liège

Fachrichtungen: u. a. Informatik, Ingenieurwissenschaften, Jura, Psychologie, Verwaltungswissenschaft, Volks- und Betriebswirtschaft.

Anschrift: Institut supérieur de commerce, Ecole des hautes études commerciales EHEC; rue Sohet 21, B–4000 Liège

Lüttich – Université de la Communauté française, Liege

Fachrichtungen: Volluniversität, u. a. mit Agrarwissenschaft, Anthropologie, Architektur, Biochemie, Biologie, Chemie, Geografie, Geologie, Geschichte, Gesundheitswesen, Informatik, Ingenieurwissenschaften, Internationale Beziehungen, Jura, Medizin, Naturwissenschaften, Pädagogik, Pharmazie, Philologie/Sprachen, Philosophie, Psychologie, Soziologie, Sprach- und Kulturwissenschaften, Theologie und Religionswissenschaften, Wirtschafts- und Sozialwissenschaften.

Anschrift: Université de la Communaute, Service des Inscriptions, Place du 20 Août 7, B–4000 Liège

Löwen – Université Catholique de Louvain

Fachrichtungen: u. a. mit Agrarwissenschaft, Angewandte Naturwissenschaften, Architektur, Astrophysik, Biologie, Biophysik, Chemie, Geografie, Geologie, Geschichte, Gesundheitswesen, Informatik, Internationale Beziehungen, Jura, Kommunikationswissenschaft, Medizin, Pädagogik, Pharmazie, Philologie/Sprachen, Philosophie, Physik, Psychologie, Religionswissenschaften, Soziologie, Verwaltungsrecht, Wirtschafts- und Sozialwissenschaften.

Anschrift: Secrétariat de l'Université, Place de l'université, B–1348 Louvain-la-Neuve

Mons – Faculté Polytechnique des Mons
Fachrichtungen: Architektur, Chemie, Geologie, Ingenierwissenschaften.
Anschrift: Faculté Polytechnique des Mons, Service des Inscriptions, rue de Houdain 9, B–7000 Mons

Mons – Université de l'Etat à Mons-Hainaut
Fachrichtungen: u. a. Informatik, Internationale Beziehungen, Marketing, Mathematik, Philologie/Sprach- und Kulturwissenschaften, Philosophie, Physik, Sozioloigie, Technik, Wirtschafts- und Sozialwissenschaften.
Anschrift: Université de l'Etat à Mons-Hainaut, Service des Inscriptions, Place du Parc 20, B–7000 Mons

Namur – Facultés Universitaires Notre-Dame de la Paix à Namur
Fachrichtungen: u. a. Geschichte, Gesundheitswesen, Informatik, Jura, Naturwissenschaften, Pharmazie, Philologie/Sprach- und Kulurwissenschaften, Physik, Politikwissenschaft, Tiermedizin, Wirtschafts- und Sozialwissenschaften.
Anschrift: Facultés Universitaires Notre-Dame de la Paix à Namur, Service des Inscriptions, rue de Bruxelles 61, B–5000 Namur

Wilrijk-Antwerpen – Universitaire Instelling Antwerpen
Fachrichtungen: u. a. Biochemie, Biologie, Informatik, Jura, Medizin, Naturwissenschaften, Pharmazie, Phi-

lologie/Sprachen, Politikwissenschaft, Physik, Soziologie, Verwaltung.
Anschrift: Universitaire Instelling Antwerpen, Dienst Inschrijvingen Buitenlands Studenten, Universiteitsplein 1, B–2610 Wilrijk-Antwerpen

Eine vollständige Liste aller Hochschulen und Institute verschickt der Deutsche Akademische Austauschdienst, Kennedyallee 50, 53175 Bonn. Über Kurzstudiengänge informieren: Administration de l'Enseignement supérieur, Bloc Arcades D – Boulevard Pachéco 19, B–1010 Bruxelles/Administratie van het Hoger Onderwijs, Konigstraat 136–138, B–1000 Brussel.

Ansprechpartner:

Botschaft des Königreichs Belgien, Kaiser-Friedrich-Straße 7, 53113 Bonn
 Belgische Botschaft, Büro Köln, Cäcilienstraße 46, 59667 Köln – für Konsularangelegenheiten. Im Belgischen Haus befindet sich die Kulturabteilung.
 Botschaft der Bundesrepublik Deutschland, De Keiserlei 5, Bus 26, B–1150 Brussel
 Commissariat général aux relations internationales de la Communauté française CGRI, Avenue Louise 65, Bte 9, B–1050 Bruxelles
 Conseil interuniversitaire de la Communauté française CIUF, rue d'Egmont 5, B–1050 Bruxelles – Ansprechpartner für deutsche Studienbewerber
 Goethe-Institut Brüssel, rue Belliard 58, B–1050 Bruxelles
 Ministère de l'education de la Communauté fran-

çaise de Belgique, Cité administrative de l'Etat, Bloc Arcade D – Boulevard Pachéco 19, B–1010 Bruxelles

Ministerie van Onderwijs van de Vlaamse Gemeenschap, Konigstraat 136–138, B–1000 Brussel

Vlaamse Interuniversitaire Raad VLIR, Egmontstraat 5, B–1050 Brussel – Ansprechpartner für deutsche Studienbewerber

Dänemark

Zum Land: Das Kongeriget Danmark, so die amtliche Bezeichnung, mit seinen zahlreichen Inseln und der Halbinsel Jütland bewohnen ein wenig mehr als fünf Millionen Menschen. Als Brücke zwischen Mitteleuropa und Skandinavien hat das Mitglied der Europäischen Gemeinschaft eine hohe verkehrspolitische Relevanz. Zum Staatsgebiet gehören auch die Färöer und Grönland.
Neben kleineren Minderheiten besteht die Bevölkerung zu über 95 Prozent aus nordgermanischen Dänen. Rund ein Drittel der dänischen Bevölkerung lebt im Einzugsgebiet der Hauptstadt Kopenhagen im äußersten Osten des Landes auf den Inseln Seeland und Amager. Hier befindet sich das kulturelle und politische Zentrum des Landes, geprägt von vielen Bauten im Stil von holländischer Renaissance und Rokoko. Weitere große Städte Dänemarks sind Århus und Odense. Die gesetzgebende Gewalt im Königreich liegt beim Parlament. Währung ist die Dänische Krone mit 100 Öre.

Wer sich als Bundesdeutscher länger als drei Monate in Dänemark aufhalten will, benötigt dafür eine Aufenthaltsgenehmigung, die über die dänische Botschaft oder bei den Behörden in Dänemark beantragt werden kann. In diesem Fall erhält man beim Einwohnermeldeamt der jeweiligen dänischen Gemeinde eine entsprechende Bescheinigung. Wer im Land selbst die Aufenthaltsgenehmigung beantragt, muß die Studienzulassung und eine Basisfinanzierung nachweisen können. Auch als Bundesdeutscher kann man einen Wohnheimplatz in einem *kollegier* oder einem Studentenwohnheim erhalten. Allerdings sind die Plätze rar, so daß sich rechtzeitige Anmeldung empfiehlt. Für die Krankenversicherung gilt dasselbe wie für die dänischen Kommilitonen: Jeder hat im Krankheitsfall das Recht auf ambulante Behandlung.

Zur Finanzierung: Wer im Königreich jobben will, bedarf dazu einer Arbeitserlaubnis der Ausländerämter, jedoch ist der Arbeitsmarkt eng. Der Studienaufenthalt in Dänemark sollte finanziell gesichert sein.

Allgemeine Informationen/Fremdenverkehrsverein: Dänisches Fremdenverkehrsbüro, Zentralbüro für Deutschland, Schweiz und Österreich, Postfach 10, 20008 Hamburg

Studieren in Dänemark: Es gibt keine zentrale Beratungsstelle für bundesdeutsche Studierende, Interessierte müssen sich an die jeweilige Universität wenden. Die Zulassungsbedingungen der verschiedenen Institute sind unterschiedlich, bundesdeutsche Studierende können mit der allgemeinen Hochschulreife in der Regel an einer dänischen Hochschule hören. Jedoch bestehen auch im Königreich Dänemark Zulassungsbeschränkungen für viele Fächer.
Wer hier medizinische Fächer, Agrarwissenschaft oder Bauingenierwesen studieren will, muß besondere Beziehungen zu dem Land nachweisen können. Dazu gehören u. a. ein mindestens zwei Jahre gemeldeter fester Wohnsitz in Dänemark oder ein dänischer Elternteil.

Durch Heirat sind diese Sonderrechte für Bundesdeutsche nicht erwerbbar.

Für die Aufnahme an einer Hochschule müssen vorgelegt werden: Das Hochschulreifezeugnis, Nachweise über bisherige Studien sowie dänische Sprachkompetenz, das gewünschte Fach, Angaben, ob ein vollständiges Studium oder ein kurzer Studienaufenthalt gewollt sind, sowie der Nachweis einer etwaigen Bindung an das Land. Die Zulassungsbedingungen werden von den einzelnen Hochschulen direkt bearbeitet und entschieden, die Unterlagen können aber auch über die Zentrale Studienberatungsstelle in Kopenhagen jeweils bis Mitte März eingereicht werden.

Die mündliche und schriftliche Beherrschung der dänischen Sprache auch in ihren fachlichen Aspekten ist eine der Studienvoraussetzungen. Einheitliche Anforderungen werden von den Hochschulen nicht herausgegeben, an einigen Instituten wird eine sprachliche Aufnahmeprüfung vorgenommen. Die Universitäten bieten keine Dänisch-Kurse, an der Studieskole in Kopenhagen sowie an den Universitäten in Århus und Odense werden Intensivkurse angeboten. Der dänische Staat stellt den Teilnehmern eine Reihe von Stipendien zur Verfügung.

Für Gasthörer, die ein Grundstudium absolviert haben, gelten besondere Bestimmungen, hier ist die Aufnahme unabhängig von einer Zulassungsbeschränkung und eventuellen Sprachprüfungen.

Das Hochschulsystem: Neben einer längeren Hochschulausbildung bietet das dem Staat unterstellte dänische Hochschulwesen auch kürzere Lehrgänge an verschiedenen Instituten. Der längere Bildungsweg dauert in der Regel drei bis vier Jahre, der kürzere, der auch eine betriebliche Ausbildungsphase voraussetzen kann, entsprechend bis zu drei Jahren. Sowohl Universitäten, *højere læreanstalten,* die höheren Lehranstalten, und Universitätszentren (sie entstanden in den 70er Jahren) sind vom Anspruch her mit den bundesdeutschen Universitäten vergleichbar.

Das dänische Studienjahr dauert von September bis Juni. Studien- und Prüfungsordnungen werden von den einzelnen Hochschulen definiert. Ein Examen an den klassischen Hochschulen kann die Kandidatenprüfung sein. Weitere Abschlüsse sind unter anderem der Magister, ein Grad, der nach sechs bis acht Studienjahren erlangt werden kann, sowie die Doktorwürde mit einer zu leistenden Forschungsarbeit. Die anderen Lehranstalten kann der Studierende nach einer Abschluß- oder Diplomprüfung verlassen. Sonderregelungen gibt es für die Studiengänge Architektur, Kunst und Musik.

Kosten und Förderungen: Der Deutsche Akademische Auslandsdienst und das Königreich Dänemark vergeben Stipendien an bundesdeutsche Studierende, die sich in Dänemark einschreiben wollen. Die Technische Universität Kopenhagen nimmt nur bundesdeutsche Studierende auf, die vom dänischen Staat ein Stipendium erhalten.

Studiengebühren werden in Dänemark nicht erhoben. BAföG-Ansprechpartner ist das Amt für Ausbildungsförderung, Flensburg, Dr.-Todsen-Straße 2, 24937 Flensburg.

Hochschulen/Institute: Die dänischen Hochschulen mit breitem Veranstaltungsangebot, technische Universitäten sowie ausgewählte weitere Institute werden mit einer Auswahl aus ihrem jeweiligen Angebot vorgestellt.

Aberrade – Åbenrå Børnehave og Fridspædagogseminarium
Fachrichtungen: u. a. Jura, Kunst, Philosophie, Sozialwissenschaften, Verwaltungswissenschaft
Anschrift: Åbenrå Børnehave og Fridspædagogseminarium, Dr. Margarethvey 111–113, DK–6200 Åbenrå

Ålborg – Universitetscenter
Fachrichtungen: u. a. Elektrotechnik, Ingenieurwesen, Jura, Maschinenbau, Musik, Naturwissenschaften, Philologie/Sprachen, Sozialwissenschaften, Wirtschaftswissenschaften.
Anschrift: Ålborg Universitetscenter P.O. Box 159, DK–9100 Ålborg

Århus – Århus Universitet
Fachrichtungen: u. a. Ärchäologie, Biochemie, Biologie, Botanik, Chemie, Geografie, Geologie, Geschichte, Journalismus, Jura, Mathematik, Medizin, Musik, Naturwissenschaften, Pharmazie, Philologie/Sprachen, Philosophie, Physik, Politikwissenschaft, Psychologie, Theologie, Wirtschaftswissenschaften.
Anschrift: Århus Universitet, NDR Ringgade 1, DK–8000 Århus C

Kopenhagen – Københavns Universitet
Fachrichtungen: u. a. Biochemie, Chemie, Geologie, Geschichte, Gesundheitswesen, Gletscherkunde, Informatik, Kunstgeschichte, Mathematik, Medizin, Musik, Naturwissenschaften, Pharmazie, Philologie/Sprachen, Philosphie, Physik, Psychologie, Soziologie, Theologie, Wirtschaftswissenschaften.
Anschrift: Københavns Universitet, P.O. Box 2177, DK–1171 København

Lynby – Danmarks Ingenørakademi
Fachrichtungen: u. a. Chemie, Elektronik, Ingenieurwesen, Maschinenbau.
Anschrift: Danmarks Ingenøorakademi, Bygning 101, DK–2800 Lyngby, København

Lyngby – Tekniske Højskole
Fachrichtungen: u. a. Biochemie, Chemie, Elektrotechnik, Informatik, Ingenieurwissenschaften, Maschinenbau, Mathematik, Naturwissenschaften, Physik.
Anschrift: Tekniske Højskole Lyngby, Bygning 101, DK–2800 Lyngby, København

Odense – Universitet
Fachrichtungen: u. a. Biologie, Chemie, Geschichte, Gesundheitswesen, Mathematik, Medizin, Naturwissenschaften, Philologie/Sprachen, Physik, Politikwissenschaft, Psychiatrie, Sozialwissenschaften, Wirtschaftswissenschaften.
Anschrift: Odense Universitet, Campusvej 55, DK–5230 Odense M

Roskilde – Universitetscenter

Fachrichtungen: u. a. Biochemie, Biologie, Chemie, Geologie, Informatik, Naturwissenschaften, Philologie/Sprachen, Philosophie, Physik, Psychologie, Sozialwissenschaften.
Anschrift: Roskilde Universitetscenter, P.O. Box 260, DK–4000 Roskilde

Eine vollständige Liste aller Universitäten, Seminare, Kunsthochschulen, Lehrerausbildungskollegien und Institute verschickt der Deutsche Akademische Austauschdienst, Kennedyallee 50, 53175 Bonn. Über Besonderheiten, auch über die verschiedenartigen kürzeren und längeren Studiengänge, *videregaaende uddanelser* und den *længere videregaaende uddanelser* informieren die Königlich Dänische Botschaft, die Konsulate und vor allem die einzelnen Hochschulen.

Ansprechpartner

Botschaft des Königreichs Dänemark, Pfälzer Straße 14, 53111 Bonn
  Botschaft der Bundesrepublik Deutschland, Stockholmsgade 57, DK–2100 København Ø
  Centralindistillingsudvalget, Vesterbrogade 20, DK–1620 København V, Wohnungsvermittlung
  Danmarks Internationale Studenterkomite, Skindergade 36, DK–1159 København KK
  Den centrale studievejleding ved Københavns Universitet, Studienberatungsstelle Universität Kopenhagen, Filstraede 22, DK–1171 København K
  Deutsch-Dänische Handelskammer, Börsen, DK-1217 København

Goethe-Institut, St. Annagade 38, DK–8000 Århus C
Goethe-Institut, Nørre Voldgade 106, DK–1358 København K
International Student Center, Dronningens Tværgade 4, DK–1302 København
Rigspolitiet, Tilsynet med unlædinge, Fremdenpolizei, Anker Hegaardsgade 5, DK–1572 København V

Finnland

Zum Land: Die rund 5 Millionen Einwohner des Landes verständigen sich gleichermaßen in den beiden Amtssprachen Finnisch und Schwedisch – obwohl über 90 Prozent der Bewohner Finnen sind. Außer in den Großstädten Helsinki, Espoo, Tampere, Turku und Vantaa ist das Land dünn besiedelt, vor allem im Norden. Land- und Forstwirtschaft sind immer stark ausgeprägt. Allein im Süden des waldreichsten Landes Europas findet man rund 55 000 Seen.
Währung ist die Finnmark.

Der bundesdeutsche Studierende benötigt eine Aufenthaltserlaubnis, wenn er länger als drei Monate in Finnland verbringen will. Diese kann bei der finnischen Botschaft, einem finnischen Konsulat oder im Lande selbst beantragt werden. Außerdem muß nachgewiesen werden, daß die Studienkosten durch Stipendien oder die Hinterlegung einer gewissen Summe pro akademisches Jahr auf einer finnischen Bank gesichert sind. Das gilt nicht im Rahmen eines Studienaustauschs.

In Finnland gibt es eine Reihe von Studentenwohnheimen und Wohnungen, die durch studentische Organisationen verwaltet werden. Die Zimmer oder Wohnungen werden nach unterschiedlichen Auswahlverfahren vergeben.
Auch bei diesen Wohnangeboten herrscht die übliche Knappheit. Während des Studiums ist Teilzeitarbeit er-

laubt, während der Semesterferien auch Ganztagsarbeit, jedoch ist eine vollständige Studienfinanzierung durch eigene Arbeit eher die Ausnahme. Zudem ist das Arbeitsmarktangebot insgesamt beschränkt.

Auch für Bundesdeutsche, die für mehr als ein Jahr in Finnland studieren wollen, ist das Gesundheitsfürsorgesystem des Landes zuständig. Das gilt ebenfalls für die Studentische Gesundheitspflegestiftung Ylioppilaiden terveydenhoitosäätiö mit ihrem prophylaktischen und therapeutischen Leistungen. Über Vergünstigungen und Ermäßigungen informieren die Beratungs- und Infodienste der jeweiligen Universitäten.

Allgemeine Informationen/Fremdenverkehrsverein:
Finnische Zentrale für Tourismus, Darmstädter Landstraße 180, 60598 Frankfurt/Main

Studieren in Finnland: Wer das Abitur oder ein vergleichbares Zeugnis besitzt, kann in Finnland studieren. Wegen der unterschiedlichen Aufnahmeprüfungen der jeweiligen Hochschulen ist es dringend geboten, sich vorab bei der finnischen Botschaft und der jeweiligen Universität über die entsprechenden Bildungsangebote und Bewerbungsfristen zu erkundigen. Die Ansprechpartner informieren über sich selbst, die Bewerbungsbedingungen sowie die einzuhaltenden Fristen. Auch die erforderliche Sprachkompetenz in Finnisch, Schwedisch und anderen Sprachen sollte geklärt werden.

Über die Befähigung von Studierenden die bereits einen akademischen Grad erworben haben, entscheiden die Fakultät oder das Institut. Generell werden gleichwertige Zertifikate anderer Länder in Finnland anerkannt. Wer nach abgelegter Prüfung des Grundstudiums in die Bundesrepublik zurückkehrt, dem wird im Regelfall der vergleichbare deutsche Titel bestätigt. Über die detaillierten Fakten informieren die jeweiligen Ansprechpartner in Ministerien und an den Hochschulen.

An den meisten Hochschulen Finnlands werden Finnischkurse für Ausländer angeboten. Häufig sind diese Kurse nur auf die Studierenden an den jeweiligen Universität zugeschnitten. Am Sprachenzentrum in Helsinki kann man – allerdings kostenpflichtig – an Sprachkursen teilnehmen. Die entsprechenden Veranstaltungen der jeweiligen Hochschulen sind in der Regel kostenfrei. Im Sommer werden vom Beirat für Finnischunterricht im Ausland Kurse zur heimischen Sprache und Kultur abgehalten, die sich gezielt an ausländische Studierende wenden. Anfragen dazu richte man an die Botschaft und Konsulate des Landes sowie an den Beirat für Finnischunterricht im Ausland, Postfach 293, FIN–00171 Helsinki.

Das Hochschulsystem: Mit der Reifeprüfung oder dem erfolgreichen Besuch einer Fachschule ist man zum Studieren an einer der 21 finnischen Universitäten und Akademien befähigt. Diese sind alle dem Unterrichtsministerium unterstellt.

Außer den Universitäten, die verschiedene Fächer anbieten, findet man in Finnland drei Wirtschaftsuniversitäten, technische Universitäten, eine veterinärmedizinische Hochschule, Kunst- und Musikhochschulen sowie Akademien. Aber auch Bewerber ohne die genannten Reifegrade können sich erfolgreich an einer Universität bewerben. Meist wird eine Aufnahmeprüfung durchgeführt. Die jeweilige Hochschule entscheidet über Auswahlkriterien und Bewerbungsfristen, so daß es in jedem Fall sinnvoll ist, sich bei der jeweiligen Universität konkret nach den Aufnahmebedingungen zu informieren.

Das akademische Jahr setzt sich aus einem Herbst- und einem Frühjahrssemester zusammen. Während der Sommermonate finden allerdings in der Regel Prüfungen und Kurse statt. Zumeist nach gut fünf Jahren wird das Studium beendet. Für ausländische Studierende verlängert sich diese Zeit normalerweise um eine Phase des intensiven Spracherwerbs. Nach einem Abschluß, der mit dem Magisterexamen vergleichbar ist, kann man den Lizentiaten-Grad erwerben und promovieren. Für Medizin, Veterinär- und Zahnmedizin ist das Lizentiat erst das Grundexamen.

Kosten und Förderungen: Gebühren fallen für bundesdeutsche Studierende nicht an. Wie in Deutschland werden jedoch Mitgliedsbeiträge für die Studentenschaft fällig. Wie die finnischen Kommilitonen können Ausländer mit permanenter Aufenthaltserlaubnis eine staatliche Studienbeihilfe erhalten. Wer nur zum Studieren in das Land reist, hat diese Möglichkeit jedoch nicht. Neben dem Deutschen Akademischen Austauschdienst vergibt die finnische Regierung nach den gleichen Bedingungen einige Stipendien an deutsche Bewerber. Über Stipendien informiert die Finnische Zentrale für Internationale Mobilität CIMO, Postfach 343, FIN–00531 Helsinki. BAföG-Ansprechpartner ist das Amt für Ausbildungsförderung, Flensburg, Dr.-Todsen-Straße 2, 24937 Flensburg.

> *Sommeruniversitäten – eine finnische Besonderheit*
> An vielen Orten des Landes findet der Unterricht an den Sommeruniversitäten statt. Diese Veranstaltungen sind unabhängig von anderen Bildungsvoraussetzungen zugänglich. Auf dem Programm stehen Kurse, die mit denen an regulären finnischen Universitäten vergleichbar sind. Vor allem auf Sprach- und Weiterbildungskurse sei hingewiesen. In der regelmäßig erscheinenden Schrift »Kesäyliopistot« sind alle Angebote verzeichnet. Erhältlich bei Suomen kesäyliopistot r. y., Vereinigung der Sommeruniversitäten, Hämeenkatu 26/B 406, FIN–33200 Tampere.

Hochschulen/Institute: Neben den zehn finnisch- und schwedischsprachigen Volluniversitäten und technischen Universitäten wird eine Auswahl weiterer Institute und Akademien mit einem Ausschnitt aus ihren Fachprogrammen vorgestellt. Die Namen der Universitäten werden zuerst in Finnisch, dann in Schwedisch aufgeführt, bei nur einer Nennung gibt es nur eine Bezeichnung in schwedischer Sprache. Die alphabetische Auflistung erfolgt nach den deutschen Städtebezeichnungen.

Helsinki – Eiäinlääketieteellinen korkeakoula/Veterinärmedicinska högskolan
Fachrichtung: Veterinärmedizin.
Anschrift: Eiäinlääketieteellinen korkeakoula/Veterinärmedicinska
högskolan/Tierärztliche Hochschule Helsinki, Studiensekretär, Postfach 6, FIN–00581 Helsinki

Helsinki – Helsingin kauppakorkeakoulu/Helsingfors handelshögskola
Fachrichtungen: Handelswissenschaften.
Anschrift: Helsingin kauppakorkeakoulu/Helsingfors handelshögskola/Wirtschaftsuniversität Helsinki, Büro für Studentenangelegenheiten, Runeberginkatu 14–16, FIN–00100 Helsinki

Helsinki – Helsingin yliopisto/Helsingfors universitet
Fachrichtungen: u. a. Agrarwissenschaft, Biochemie, Biologie, Chemie, Geografie, Geologie, Geschichte, Gesundheitswesen, Jura, Mathematik, Medizin, Musik, Naturwissenschaften, Pädagogik, Pharmazie, Philologie/Sprachen, Philosophie, Politikwissenschaft, Psychologie, Soziologie, Theologie und Religionswissenschaften, Verwaltungswissenschaft, Wirtschaftswissenschaften,
Anschrift: Helsingin yliopisto/Helsingfors universitet/Universität Helsinki, Beratung für ausländische Studenten/Büro für internationale Angelegenheiten, Postfach 3, FIN–00014 Universität Helsinki

Helsinki – Kuvataideakatemia/Bildkonstakademin
Fachrichtungen: u. a. Grafik, Malerei, Multimedia.
Anschrift: Kuvataideakatemia/Bildkonstakademin/ Akademie für Bildende Künste, Berater für ausländische Studenten, Yrjönkatu 18, FIN–00120 Helsinki

Helsinki – Sibelius-Akatemia/Sibelius-Akademin
Fachrichtungen: u. a. Musik, Musikerziehung, Solo- und Orchestermusikerausbildung.
Anschrift: Sibelius-Akatemia/Sibelius-Akademin/ Sibelius-Akademie, Büro für Studentenangelegenheiten, Postfach 86, FIN–00251 Helsinki

Helsinki – Svensak handelshögskolan

Fachrichtungen: u. a. Handelswissenschaften, Marketing, Verwaltungswissenschaft.
Anschrift: Svenska handelshögskolan/Schwedische Wirtschaftsuniversität, Koordinator für internationale Studienangelegenheiten, Arkadiagatan 22, FIN–00100 Helsinki

Helsinki – Taideteollinen korkeakoula/Konstindustriella högskolan

Fachrichtungen: u. a. angewandte Kunst, Kunsterziehung.
Anschrift: Taideteollinen korkeakoula/Konstindustriella högskolan/Hochschule für angewandte Kunst, Beratung für ausländische Studenten/Büro für internationale Angelegenheiten, Hämeentie 135 C, FIN–00560 Helsinki

Helsinki – Teatterikorkeakoulu/Teaterhögskolan

Fachrichtungen: Theater und Tanz.
Anschrift:Teatterikorkeakoulu/Teaterhögskolan/Theaterhochschule Helsinki, Studiensektetär, Büro für Studentenangelegenheiten, Postfach 148, FIN–00511 Helsinki

Helsinki/Espoo – Teknillinen korkeakoulu/Tekniska högskolan

Fachrichtungen: Architektur, Elektrotechnik, Holzverarbeitung, Informatik, Physik, Technik.
Anschrift: Teknillinen korkeakoulu/Tekniska högskolan/Technische Universität Helsinki, Beratung für ausländische Studenten/Büro für internationale Angelegenheiten, Otakaari 1, FIN–02150 Espoo

Joensuu – Joensuun ylioppisto/Joensuu universiteit
Fachrichtungen: u. a. Agrarwissenschaft, Biologie, Chemie, Erziehungswissenschaft, Geografie, Geschichte, Informatik, Mathematik, Naturwissenschaften, Philologie/Sprachen, Physik, Psychologie, Sozial- und Wirtschaftswissenschaften, Theologie und Religionswissenschaften.
Anschrift: Joensuun ylioppisto/Joensuu universiteit/Universität Joensuu, Büro für internationale Beziehungen, Postfach 111, FIN-80101 Joensuu

Jyväskylä – Jyväskylä yliopisto/Jyväskylä universiteit
Fachrichtungen: u. a. Betriebswirtschaft, Biologie, Chemie, Erziehungswissenschaften, Geschichte, Gesundheitswesen, Journalistik, Mathematik, Musik und Musikerziehung, Naturwissenschaften, Philologie/Sprachen, Philosophie, Physik, Psychologie, Sozialwissenschaften, Soziologie, Verwaltung, Volkswirtschaft.
Anschrift: Jyväskylä yliopisto/Jyväskylä universiteit/Universität Jyväskylä, Beratung für ausländische Studenten/Büro für internationale Angelegenheiten, Postfach 35, FIN–40351 Jyväskylä

Kuopio – Kuopio yliopisto/Kuopio universiteit
Fachrichtungen: u. a. Chemie, Gesundheitswesen, Informatik, Mathematik, Medizin, Naturwissenschaften, Pharmazie, Physik, Sozialarbeit, Sozialwissenschaften, Zahnmedizin.
Anschrift: Kuopio yliopisto/Kuopio universiteit/Universität Kuopio, Büro für Studentenangelegenheiten, Postfach 1267, FIN–70211 Kuopio

Lappeenranta – Lappeenrannan teknillen korkeakoulu/Villmanstrand tekniska högskola

Fachrichtungen: u. a. Architektur, Handelswissenschaften, Technik.

Anschrift: Lappeenrannan teknillen korkea koulu/ Villmanstrand tekniska högskola/Technische Universität Lappeenranta, Koordinator für internationale Angelegenheiten, Internationales Büro, Postfach 20, FIN–53851 Lappeenranta

Oulu – Oulon yliopisto/Uleåborgs universiteit

Fachrichtungen: u. a. Architektur, Betriebswirtschaft, Biochemie, Biologie, Chemie, Erziehungswissenschaft, Geografie, Geschichte, Gesundheitswesen, Informatik, Journalistik, Mathematik, Medizin, Naturwissenschaften, Philologie/Sprachen, Technik und Maschinenbau, Volkswirtschaft, Zahnmedizin.

Anschrift: Oulon yliopisto/Uleåborgs universiteit/ Universität Oulu, Internationale Beziehungen, Postfach 191, FIN–90101 Oulu

Rovaniemi – Lapin yliopisto/Lapplands universiteit

Fachrichtungen: u. a. Erziehungswissenschaft, Jura, Medizin, Sozialarbeit, Verwaltungswissenschaft, Wirtschaftswissenschaften.

Anschrift: Lapin yliopisto/Lapplands universiteit/Universität Lappland, Ausländeraufnahme, Büro für Studentenangelegenheiten, Postfach 122, FIN–96101 Rovaniemi

Tampere – Tampereen teknillinen korkeakoulu/Tammersfors tekniska högskola

Fachrichtungen: u. a. Architektur, Technik.

Anschrift: Tampereenteknillinen korkeakoulu/Tammerfors tekniska högskola/Technische Universität Tampere, Studienberatung, Büro für Studentenangelegenheiten, Postfach 527, FIN–33101 Tampere

Tampere – Tampereen yliopisto/Tammerfors universiteit
Fachrichtungen: u. a. Biologie, Erziehungswissenschaft, Geografie, Geschichte, Gesundheitswesen, Journalistik, Marketing, Mathematik, Medizin, Philologie/Sprachen, Philosophie, Politikwissenschaft, Psychologie, Verwaltung, Wirtschaftswissenschaften.
Anschrift: Tampereen yliopisto/Tammerfors universiteit/Universität Tampere, Berater für ausländische Studenten, Büro für akademische und internationale Angelegenheiten, Postfach 607, FIN–33101 Tampere

Turku – Åbo Akademi
Fachrichtungen: u. a. Biochemie, Biologie, Chemie, Erziehungswissenschaften, Geologie, Geschichte, Gesundheitswesen, Handelswissenschaften, Mathematik, Naturwissenschaften, Phiologie/Sprachen, Physik, Psychologie, Sozialwissenschaft, Technik, Theologie und Religionswissenschaft, Verwaltung.
Anschrift: Åbo Akademi/Åbo Akademi-Universität, Akademisches Auslandsamt, Domkyrkotorget 3, FIN–20500 Turku

Turku – Turun kauppakorkeakoulu/Åbo handelskögskola
Fachrichtungen: u. a. Handelswissenschaften, Jura, Marketing.
Anschrift: Turun kauppakorkeakoulu/Åbo handels-

högskola/Wirtschaftsuniversität Turku, Berater für ausländische Studenten, Rehtorinpellonkatu 3, FIN–20500 Turku

Turku – Turun yliopista/Åbo universiteit
Fachrichtungen: u. a. Biochemie, Biologie, Chemie, Erziehungswissenschaft, Geografie, Geologie, Geschichte, Gesundheitswesen, Jura, Mathematik, Medizin, Naturwissenschaften, Philologie/Sprachen, Philosophie, Politikwissenschaft, Psychologie, Soziologie, Wirtschaft, Zahnmedizin.
Anschrift: Turun yliopista/Åbo universiteit/Universität Turku, Berater für ausländische Studenten, Büro für akademische und Studentenangelegenheiten, FIN–20500 Turku

Vaasa – Vaasan yliopisto/Vasa universiteit
Fachrichtungen: u. a. Geisteswissenschaften/ Philologie/Sprachen, Handelswissenschaften, Informatik, Marketing, Verwaltungswissenschaft.
Anschrift: Vaasan yliopisto/Vasa universiteit/Universität Vaasa, Koordinator für internationale Angelegenheiten, Postfach 297, FIN–65101 Vaasa

Ansprechpartner:

Botschaft von Finnland, Friesdorfer Straße 1, 53173 Bonn
   Botschaft der Bundesrepublik Deutschland, PL 5, FIN–00331 Helsinki
   Goethe-Institut, Mannerheimintie 20a, FIN–00100 Helsinki
   Arbeitsministerium, Büro für internationale Angele-

genheiten/Beschäftigungsabteilung, Postfach 524, FIN–00101 Helsinki

Sozial- und Gesundheitsministerium, Ausländerbeauftragter, Kalevankatu 30, FIN–00100 Helsinki

Ministerium des Inneren, Amt für Ausländerfragen, Postfach 92, FIN–00531 Helsinki

Unterrichtsministerium, Abteilung für Hochschulen und Wissenschaft, Postfach 293, FIN–00171 Helsinki

Frankreich

Zum Land: Zu der Republik mit ihren rund 57 Millionen Bewohnern gehören neben dem europäischen Festland und Korsika auch überseeische Besitzungen. Währung ist der französische Franc. Neben der Hauptstadt Paris, Marseille und Lyon gibt es gut 30 weitere Großstädte. Die Wirtschaft weist zentralistischere Strukturen auf als in der Bundesrepublik. Schon durch das Bildungssystem mit den Grandes Ecoles wird die Wirtschafts- und Verwaltungselite des Landes frühzeitig auf diese Struktur bezogen. Zur Förderung eines spannungsfreien nachbarschaftlichen Verhältnisses zwischen Frankreich und Deutschland gibt es außer dem üblichen Studentenaustausch eine Reihe von Sonderprogrammen.

Bundesdeutsche benötigen für einen mehrmonatigen Aufenthalt in Frankreich eine Aufenthaltsgenehmigung der lokal zuständigen Behörden, die sogenannte *carte de séjour*. Diese muß nach einem Jahr erneuert werden.

Vor den Auslandssemestern in Frankreich sollte man die Unterlagen beglaubigen und eine französische Übersetzung anfertigen lassen, da diese vorgelegt werden müssen. Die Aufnahme ins Studentenwerk muß beantragt werden. Der Studentenausweis berechtigt zum Besuch der Mensen. Ein deutsch-französischer Sozialausweis, der über das Deutsche Studentenwerk gegen Gebühr vergeben wird, erlaubt ebenfalls den Zugang zu französischen Mensen und in die Studentenwohnheime. Die Heimplätze sind auch unter Franzosen begehrt und rar, rechtzeitige Anmeldung ist notwendig. Über die Themen Wohnen, Versicherungen und Jobben gibt Auskunft u. a. Centre national des œvres universitaires et scolaires CNOUS, 69, quai d'Orsay, F–75007 Paris, über die – schwierige – Arbeitssuche auch die Agence nationale pour l'emploi, Service international, 69, rue Jean-Baptiste Rigalle, F–75009 Paris.

Allgemeine Informationen/Fremdenverkehrsverein: Französisches Fremdenverkehrsamt, Direktion für Deutschland, Westendstraße 47, 60325 Frankfurt; Französisches Fremdenverkehrsamt, Büro Berlin und neue Bundesländer, Keithstraße 2–4, 10787 Berlin

Studieren in Frankreich: Das Interesse deutscher Studierender an Frankreich wächst. Da sich jedoch das Bildungssystem stark von dem in der Bundesrepublik unterscheidet, sollte man sich vor einem Studienaufenthalt intensiv und präzise informieren – über inhaltliche Angebote sowie finanzielle und ideelle Förderungsmittel. Rechtzeitige Nachfragen beim lokalen Institut français, bei der Botschaft und bei der jeweiligen Universität tun not. Die gewünschte Hochschule sollte man termingerecht mit der Bitte um eine Veranstaltungsübersicht sowie den aktuellen Zulassungsvoraussetzungen anschreiben.

Wer sein Grundstudium noch nicht absolviert hat, muß häufig einen Aufnahmeantrag für den *premier cycle* im französischen Hochschulsystem stellen. An einigen Hochschulen, beispielsweise in Avignon und

Le Mans, kann man sich als Bundesdeutscher direkt einschreiben.

Dasselbe gilt auch für Bewerber, die unter Vereinbarungen gemäß der deutsch-französischen Äquivalenzregelungen fallen. Dazu gehören unter anderem Studierende, die im Rahmen eines Hochschulaustauschs an eine französische Universität gehen. An vielen Instituten werden vor Semesterbeginn Sprachkurse zur Vertiefung angeboten.

An Hochschulen im Pariser Raum wird man – von Ausnahmen abgesehen – als bundesdeutscher Ersteinschreiber nicht angenommen. Im Regelfall steht vor dem Studium in der ersten Stufe eine Sprachprüfung, in der auch fachsprachliche Fähigkeiten abgefragt werden. Einmal jährlich wird dieser Test an allen französischen Kulturinstituten angeboten. Die vollständigen Bewerbungsunterlagen schickt man nebst Sprachtest an die präferierte Universität, bei negativem Entscheid dieser an die zweitgewählte. Bei einer Ablehnung durch zwei Universitäten hat der Bewerber immer noch die Möglichkeit, sich an das Ministère de l'éducation nationale, 110, rue de Grenelle, F–75357 Paris Cedex, zu wenden.

Wer nach dem Grundstudium in den *deuxième* oder *troisième cycle* an einer französischen Universität hören will, bewerbe sich zu Jahresanfang bei der jeweiligen Universität in französischer Sprache mit einer Beschreibung des bisherigen Studienverlaufs. Die Universität informiert anschließend über Bedingungen und zu absolvierende Prüfungen. Erbrachte Studienleistungen werden im Einzelfall bewertet.

Das Hochschulsystem: Die knapp 80 französischen Universitäten untergliedern sich in bundesdeutschen Fachbereichen vergleichbare Einheiten. Das Studium selbst ist in drei Abschnitte eingeteilt, die jeweils mit einem zum weiteren Studium berechtigenden Diplom abgeschlossen werden. Das jeweilige Studienjahr beginnt im Oktober. Die erste Einheit, auf allgemeine und fachspezifische Aspekte bezogen, wird normalerweise nach zwei Jahren mit einer Art Zwischenprüfung abgeschlossen.

Achtung: Eine an bundesdeutschen Universitäten erworbene Prüfung berechtigt nicht in jedem Fall zum Zugang der nächsten Studienphase. Statt eines Numerus clausus selektieren die Institute mit Hilfe der jeweiligen Prüfungen.

Nach der ersten Stufe folgt die nächste, ebenfalls zwei Studienjahre umfassende Einheit, an die sich eine eigenständige Hausarbeit anschließt. Ein dritter Studienabschnitt in bezug auf ein Diplom oder ein *doctorat* wird angeboten. Der Verlauf des Medizin-Studiums weicht von dieser Gliederung ab.

Kosten und Förderungen: Neben den Lebenshaltungs- und Versicherungskosten fallen pro Studienjahr in Frankreich Einschreibe- und Bearbeitungsgebühren an.

Der Deutsche Akademische Austauschdienst sowie die französische Regierung stellen eine Reihe von Stipendien für ein Jahr oder für ein bis vier Monate bereit.

Studierenden aus den neuen Bundesländern werden Sprachstipendien zur Verfügung gestellt. Ansprechpartner für kürzere und Sprachstipendien ist die Botschaft der Republik Frankreich, Ambassade de France en République fédérale d'Allemagne, Referat für Hochschulangelegenheiten, An der Marienkapelle 3, 53179 Bonn. BAföG-Ansprechpartner für Frankreich – außer für Paris – ist die Kreisverwaltung Mainz-Bingen, Amt für Ausbildungsförderung, Kaiser-Wilhelm-Ring 31–33, 55118 Mainz; für Paris ist zuständig das Studentenwerk Marburg, Erlenring 5, 35037 Marburg.

Hochschulen/Institute: Wegen des komplexen französischen Bildungssystems mit dem Nebeneinander von Universitäten und den über 250 Grandes Ecoles, die von unterschiedlichen Trägern geführt werden, listet dieses Buch nur die »offenen« Hochschulen auf. Über den – nicht einheitlich geregelten – Zugang zu einer der Grandes Ecoles und ihren integrierten Studienprogrammen auch für bundesdeutsche Studierende sowie über Kooperationen von französischen und deutschen technischen Hochschulen lohnt sich eine Nachfrage bei der HRK, der Hochschulrektorenkonferenz, Ahrstraße 39, 53175 Bonn. Die Grandes Ecoles sind aufgelistet im »Studienführer Frankreich« des Deutschen Akademischen Austauschdienstes. Im technischen und wirtschaftlichen Fachhochschulbereich existiert als Sonderprogramm das Deutsch-Französische Hochschulinstitut. Informationen verschickt die Hochschule für Wirtschaft und Technik des Saarlandes, Sekretariat DFHI, Am Ludwigsplatz 6, 66117 Saarbrücken.

Aix-en-Provence – Université de droit, d'économie et des sciences d'Aix-Marseille III
Fachrichtungen: u. a. Biologie, Chemie, Ingenieurwissenschaften, Jura, Mathematik, Naturwissenschaf-

ten, Ökonomie, Physik, Physiologie, Politikwissenschaft, Technologie, Verwaltungswissenschaft, Wirtschaftslehre.
Anschrift: Université de droit, d'économie et des sciences, 3, avenue Robert Schumann, F–13628 Aix-en-Provence Cedex 1

Amiens – Université de Picardie
Fachrichtungen: u. a. Biologie, Chemie, Geografie, Geschichte, Informatik, Ingenieurwissenschaften, Jura, Kunst, Mathematik, Medizin, Naturwissenschaften. Ökonomie, Pharmazie, Philologie/Sprachen, Philosophie, Physik, Psychologie, Soziologie, Technologie.
Anschrift: Université de Picardie, rue Solomon Mahlangu, F–80025 Amiens Cedex

Angers – Université d'Angers
Fachrichtungen: u. a. Geografie, Geschichte, Jura, Mathematik, Medizin, Naturwissenschaften, Pharmazie, Philologie/Sprachen, Physik, Psychologie, Wirtschaftswissenschaften.
Anschrift: Université d'Angers, 30, rue des Arènes, BP 3532, F–49035 Angers Cedex

Avignon – Université d'Avignon et des Pays du Vaucluse
Fachrichtungen: u. a. Chemie, Geografie, Geschichte, Jura, Mathematik, Philologie/Sprachen.
Anschrift: Université d'Avignon et des Pays du Vaucluse, 35, rue Joseph Vernet, F–84000 Avignon

Besançon – Université de Franche-Compté
Fachrichtungen: u. a. Biochemie, Biologie, Chemie, Geografie, Geschichte, Informatik, Ingenieurwissenschaften, Jura, Mathematik, Medizin, Musik, Naturwissenschaften, Pharmazie, Philologie/Sprachen, Philosophie, Physik, Psychologie, Soziologie, Verwaltung, Wirtschaftswissenschaften.
Anschrift: Université de Franche-Compté, 30, avenue de l'Observatoire, F–25030 Besançon Cedex

Bordeaux – Université de Bordeaux II
Fachrichtungen: u. a. Ethnologie, Medizin, Naturwissenschaften, Pharmazie, Psychologie, Soziologie.
Anschrift: Université de Bordeaux II, 146, rue Léo Saignat, F–33076 Bordeaux Cedex

Brest – Université de Bretagne Occidentale
Fachrichtungen: u. a. Biologie, Chemie, Ethnologie, Geografie, Geschichte, Informatik, Ingenieurwissenschaften, Jura, Mathematik, Naturwissenschaften, Philologie/Sprachen, Philosophie, Physik, angewandte Technik, Verwaltung, Wirtschaftswissenschaften.
Anschrift: Université de Bretagne Occidentale, Rue des Archives, BP 137, F–29269 Brest Cedex

Caen – Université de Caen
Fachrichtungen: u. a. Biochemie, Chemie, Geografie, Geschichte, Informatik, Ingenieurwissenschaften, Jura, Mathematik, Medizin, Naturwissenschaften, Pharmazie, Philologie/Sprachen, Philosophie, Physik, Psychologie, Soziologie, Wirtschaftswissenschaften.
Anschrift: Université de Caen, Esplanade de la Paix, F–14032 Caen Cedex

Chambéry – Université de Savoie
Fachrichtungen: u. a. Geografie, Geschichte, Jura, Mathematik, Naturwissenschaften, Philologie/Sprachen, Psychologie, Technologie, Wirtschaftswissenschaften.
Anschrift: Université de Savoie, 27, rue Marcoz, BP 1104, F–73011 Chambéry Cedex

Clermont-Ferrand – Université d'Auvergne Clermont–Ferrand I
Fachrichtungen: u. a. Jura, Medizin, Naturwissenschaften, Pharmazie, Verwaltung, Wirtschaftswissenschaften, Zahnmedizin.
Anschrift: Université d'Auvergne Clermont I, 49, boulevard Gergovia, BP 32, F–63001 Clermont-Ferrand Cedex

Clermont-Ferrand – Université Blaise Pascal/ Clermont-Ferrand II
Fachrichtungen: u. a. Biologie, Chemie, Geschichte, Kunstgeschichte, Mathematik, Naturwissenschaften, Philologie/Sprachen, Philosophie, Physik, Psychologie, angewandte Technik.
Anschrift: Université Blaise Pascal/Clermont–Ferrand II, 34, avenue carnot, BP 185, F–63006 Clermont-Ferrand Cedex

Compiègne – Université de technologie de Compiène
Fachrichtungen: Technische und Ingenieurwissenschaften.
Anschrift: Université de technologie de Compiègne, Rue Roger Coutolenc, F–60206 Compiègne Cedex

Korsika – Université de Corse Pascal Paoli
Fachrichtungen: u. a. Jura, Mathematik, Naturwissenschaften, Philologie/Sprachen, Physik, angewandte Technik, Wirtschaftswissenschaften.
Anschrift: Université de Corse Pascal Paoli, 7, avenue Jean Nicoli, BP 52, F–20250 Corte

Créteil – Université de Paris Val de Marne/Paris XII
Fachrichtungen: u. a. Chemie, Geografie, Geschichte, Medizin, Naturwissenschaften, Philologie/Sprachen, Philosophie, angewandte Technik, Wirtschaftswissenschaften.
Anschrift: Université de Paris Val de Marne/Paris XII, 61, avenue du Général de Gaulle, F–94010 Créteil Cedex

Dijon – Université de Bourgogne
Fachrichtungen: u. a. Biochemie, Chemie, Geografie, Geschichte, Informatik, Jura, Kunstgeschichte, Mathematik, Medizin, Musik, Naturwissenschaften, Pharmazie, Philologie/Sprachen, Philosophie, Physik, Psychologie, Wirtschaftswissenschaften.
Anschrift: Université de Bourgogne, Campus universitaire de Montmuzard, BP 138, F–21004 Dijon Cedex

Grenoble – Université Joseph Fourier/Grenoble I
Fachrichtungen: u. a. Biochemie, Chemie, Geografie, Informatik, Mathematik, Medizin, Naturwissenschaften, Pharmazie, Physik, angewandte Technik.
Anschrift: Université Joseph Fourier/Grenoble I, 621, avenue Centrale Domaine universitaire, Saint-Martin d'Hères, F–38041 Grenoble Cedex

Grenoble – Université des sciences sociales/Grenoble II
Fachrichtungen: u. a. Geschichte, Jura, Kunstgeschichte, Philosophie, Psychologie, Soziologie, Wirtschaftswissenschaften.
Anschrift: Université des sciences sociales/Grenoble II, Domaine universitaire, BP 47X, F–38040 Grenoble Cedex

Grenoble – Institut national polytechnique
Fachrichtungen: u. a. sind hier angeschlossen: Ecole nationale supérieure de physique, Ecole nationale supériere d'informatique et de mathématiques appliquées, Ecole nationale supérieure d'électrochimie et d'électrométallurgie sowie die Ecole nationale supérieure d'électronique et de radio-électricité.
Anschrift: Institut national polytechnique, 46, avenue Félix Viallet, F–38031 Grenoble Cedex

Le Havre – Université du Havre
Fachrichtungen: u. a. Geografie, Geschichte, Jura, Naturwissenschaften, Philologie/Sprachen, Verwaltung, Wirtschaftswissenschaften.
Anschrift: Université du Havre, 25, rue Philippe Lebon, BP 1123, F–76063 Le Havre Cedex

Lille – Fédération Universitaire et Polytechnique de Lille
Fachrichtungen: u. a. Chemie, Geologie, Jura, Medizin, Physik, Sozialwissenschaften, Theologie, Wirtschaftswissenschaften.
Anschrift: Fédération Universitaire et Polytechnique de Lille, 60, boulevard Vauban, BP 109, 59016 Lille Cedex

Lille – Université de droit et de la santé/Lille II
Fachrichtungen: Jura, Medizin, Pharmazie, Verwaltungswissenschaft, Wirtschaftwissenschaften, Zahnmedizin.
Anschrift: Université de droit et de la santé/Lille II, 42, rue Paul-Duez, F–59800 Lille

Limoges – Université de Limoges
Fachrichtungen: u. a. Biochemie, Biologie, Chemie, Geografie, Geschichte, Ingenieurwissenschaften, Jura, Mathematik, Medizin, Naturwissenschaften, Pharmazie, Philologie/Sprachen, Physik, Verwaltungswissenschaften, Wirtschaftswissenschaften.
Anschrift: Université de Limoges, 13, rue de Genève, F–87065 Limoges Cedex

Lyon – Université Lumière/Lyon II
Fachrichtungen: u. a. Architektur, Ethnologie, Geografie, Geschichte, Jura, Musik, Philologie/Sprachen, Psychologie, Soziologie, Theologie, Verwaltung, Wirtschaftswissenschaften.
Anschrift: Université Lumière/Lyon II, 86, rue Pasteur, F–69365 Lyon Cedex 07

Lyon – Université Jean Moulin/Lyon III
Fachrichtungen: u. a. Archäologie, Geografie, Geschichte, Journalismus, Jura, Mathematik, Philologie/Sprachen, Philosophie, Politikwissenschaft, Wirtschaftswissenschaften.
Anschrift: Université Jean Moulin/Lyon III, 1, rue de l'Université, BP 0638, F–69239 Lyon

Marseille – Université Aix-Marseille I
Fachrichtungen: u. a. angewandte Technik, Biochemie, Chemie, Geophysik, Informatik, Ingenieurwissenschaften, Mathematik, Physik, Physiologie.
Anschrift: Université Aix-Marseille I, 3, place Victor Hugo, F–13331 Marseille Cedex 3

Marseille – Universitaire d'Aix-Marseille II
Fachrichtungen: u. a. Biochemie, Biologie, Informatik, Ingenieurwissenschaften, Mathematik, Medizin, Mechanik, Ökonomie, Pharmazie, Physik, Physiologie, Verwaltungswissenschaft, Zahnmedizin.
Anschrift: Université d'Aix-Marseille II, Jardin du Pharo, 58, boulevard Charles Livon, F–13007 Marseille

Metz – Université de Metz
Fachrichtungen: u. a. Biochemie, Geografie, Geschichte, Informatik, Ingenieurwissenschaften, Jura, Kunst, Ökonomie, Philologie/Sprachen, Physik, Theologie, Verwaltungswissenschaften.
Anschrift: Université de Metz, Ile du Saulcy, BP 794, F–57012 Metz Cedex 01

Montpellier – Université de Montpellier I
Fachrichtungen: Jura, Medizin, Ökonomie, Pharmazie, Wirtschaftswissenschaften, Zahnmedizin.
Anschrift: Université de Montpellier I, 5, boulevard Henry IV, BP 1017, F–34006 Montpellier Cedex

Montpellier – Université des sciences et techniques du Languedoc/Montpellier II
Fachrichtungen: u. a. Biochemie, Chemie, Geochemie, Informatik, Ingenieurwissenschaften, Naturwissenschaften, Physik, Physiologie, Technik.
Anschrift: Université des sciences et techniques du Languedoc/Montpellier II, Place Eugène Bataillon, F–34095 Montpellier Cedex

Montpellier – Université Paul Valéry/Montpellier III
Fachrichtungen: u. a. Geografie, Geschichte, Kunstgeschichte, Musik, Philologie/Sprachen, Philosophie, Psychologie, Soziologie.
Anschrift: Université Paul Valéry/Montpellier III, Route de Mende, BP 5043, F–34032 Montpellier Cedex I

Mont-Saint-Aignan – Université de Haute Normandie
Fachrichtungen: u. a. Biochemie, Chemie, Geografie, Geschichte, Informatik, Mathematik, Medizin, Musik, Naturwissenschaften, Pharmazie, Philologie/Sprachen, Philosophie, Physik, Psychologie, Rechtswissenschaften, Soziologie, angewandte Technik, Wirtschaftswissenschaften.
Anschrift: Université de Haute Normandie, 1, rue Thomas Becket, F–76134 Mont-Saint-Aignan

Mulhouse – Université de Haute Alsace
Fachrichtungen: u. a. Geschichte, Mathematik, Naturwissenschaften, Philologie/Sprachen, Physik.
Anschrift: Université de Haute Alsace, 2, rue des Frères Lumière, F–68093 Mulhouse Cedex

Nancy – Université de Nancy I
Fachrichtungen: u. a. Biochemie, Chemie, Informatik, Ingenieurwissenschaften, Mathematik, Medizin, Naturwissenschaften, Pharmazie, Physik, Technik, Zahnmedizin.
Anschrift: Université de Nancy I, 24–20, rue Lionnois, F–54013 Nancy

Nancy – Université de Nancy II
Fachrichtungen: u. a. Geografie, Geschichte, Jura, Kunstgeschichte, Musik, Philologie/Sprachen, Philosophie, Psychologie, Soziologie, Wirtschaftswissenschaften.
Anschrift: Université de Nancy II, 25, rue du Baron Louis, BP 454, F–54001 Nancy Cedex

Nanterre – Université Paris–Nanterre/Paris X
Fachrichtungen: u. a. angewandte Technik, Geografie, Geschichte, Jura, Kunst, Philologie/Sprachen, Philosophie, Psychologie, Soziologie, Wirtschaftswissenschaften.
Anschrift: Université Paris–Nanterre/Paris X, 200, avenue de la République, F–92001 Nanterre Cedex

Nantes – Université de Nantes
Fachrichtungen: u. a. Geografie, Geschichte, Informatik, Ingenieurwissenschaften, Jura, Medizin, Pharmazie, Philologie/Sprachen, Philosophie, Physik, Psychologie, Soziologie, Wirtschaftswissenschaften, Zahnmedizin.
Anschrift: Université de Nantes, 1, quai de Tourville, BP 1026, F–44035 Nantes Cedex 01

Nizza – Université de Nice Sophia Antipolis
Fachrichtungen: u. a. Biochemie, Chemie, Geografie, Geschichte, Informatik, Ingenieurwissenschaften, Jura, Kunst, Medizin, Musik, Naturwissenschaften, Philologie/Sprachen, Philosophie, Physik, Psychologie, Soziologie, Wirtschaftswissenschaften, Zahnmedizin.
Anschrift: Université de Nice Sophia Antipolis, Parc Valrose, 28, avenue Valrose, F–06034 Nice Cedex

Orléans – Université d'Orléans
Fachrichtungen: u. a. Biochemie, Chemie, Geografie, Geschichte, Informatik, Ingenieurwissenschaften, Jura, Naturwissenschaften, Philologie/Sprachen, Physik, Wirtschaftswissenschaften.
Anschrift: Université d'Orléans, Château de la Source, F–45067 Orléans Cedex 02

Orsay – Université de Paris Sud/Paris XI
Fachrichtungen: u. a. Biochemie, Biologie, Chemie, Geschichte, Informatik, Jura, Mathematik, Medizin, Naturwissenschaften, Ökonomie, Pharmazie, Physik, Politikwissenschaft, Psychologie, Wirtschaftswissenschaften.
Anschrift: Université de Paris Sud/Paris XI, 15, rue Georges Clémenceau, F–91405 Orsay

Paris – Université Panthéon Sorbonne/Paris I
Fachrichtungen: u. a. Geografie, Geschichte, Jura, Kunst, Kunstgeschichte, Philosophie, Wirtschaftswissenschaften.
Anschrift: Université Panthéon Sorbonne/Paris I, 12, place du Panthéon, F–75231 Paris Cedex 05

Paris – Université de droit, d'économie et de sciences sociales/Paris II
Fachrichtungen: Jura, Wirtschaftswissenschaften.
Anschrift: Université de droit, d'économie et de sciences sociales/Paris II, 12, place du Panthéon, F–75231 Paris Cedex 05

Paris – Université de la Sorbonne Nouvelle/Paris III
Fachrichtungen: Kunst, Philologie/Sprachen.
Anschrift: Université de la Sorbonne Nouvelle/Paris III, 17, rue de la Sorbonne, F–75230 Paris Cedex

Paris – Université Paris-Sorbonne/Paris IV
Fachrichtungen: u. a. Geografie, Geschichte, Kunstgeschichte, Musik, Philologie/Sprachen, Philosophie.
Anschrift: Université Paris-Sorbonne/Paris IV, 1, rue Victor Cousin, F–75230 Paris Cedex 05

Paris – Université René Descartes/Paris V
Fachrichtungen: u. a. Chemie, Medizin, Naturwissenschaften, Pharmazie, Psychologie, Soziologie, Verwaltung, angewandte Technik, Verwaltung, Wirtschaftswissenschaften, Zahnmedizin.
Anschrift: Université René Descartes/Paris V, CIDO, 12, rue de l'Ecole de Médecine, F–75270 Paris Cedex 06

Paris – Université Pierre et Marie Curie/Paris VI
Fachrichtungen: u. a. Biochemie, Biologie, Chemie, Informatik, Ingenieurwissenschaften, Mathematik, Medizin, Naturwissenschaften, Physik, Physiologie, Zahnmedizin.
Anschrift: Université Pierre et Marie Curie/Paris VI, 4, Place Jussieu, F-75252 Paris Cedex 05

Paris – Université de Paris VII
Fachrichtungen: u. a. Biochemie, Geografie, Geschichte, Informatik, Mathematik, Medizin, Naturwissenschaften, Philologie/Sprachen, Physik, Psychologie, Soziologie, angewandte Technik, Verwaltungswissenschaft, Wirtschaftswissenschaften, Zahnmedizin,
Anschrift: Université de Paris VII, 2, place Jussieu, F-75251 Paris Cedex 05

Paris – Université de Paris Dauphine/Paris IX
Fachrichtungen: Mathematik, angewandte Mathematik, Wirtschaftswissenschaften.
Anschrift: Université de Paris Dauphine/Paris IX, Place du Maréchal de Lattre de Tassigny, F-75775 Paris Cedex 16

Pau – Université de Pau et des pays de l'Adour
Fachrichtungen: u. a. Chemie, Geografie, Geschichte, Informatik, Kunstgeschichte, Mathematik, Musik, Naturwissenschaften, Philologie/Sprachen, Physik, angewandte Technik, Wirtschaftswissenschaften.
Anschrift: Université de Pau et des pays de l'Adour, 68, rue Montpensier, F-64010 Pau Cedex

Perpignan – Université de Perpignan
Fachrichtungen: u. a. Chemie, Geschichte, Kunstgeschichte, Mathematik, Naturwissenschaften, Philologie/Sprachen, Soziologie, angewandte Technik, Wirtschaftswissenschaften.
Anschrift: Université de Perpignan, Avenue de Villeneuve, F-66025 Perpignan Cedex

Poitiers – Université de Poitiers
Fachrichtungen: u. a. Biochemie, Biologie, Chemie, Geografie, Geschichte, Kunstgeschichte, Mechanik, Medizin, Musik, Naturwissenschaften, Philologie/Sprachen, Philosophie, Physik, Psychologie, angewandte Technik, Wirtschaftswissenschaften, Zahnmedizin.
Anschrift: Université de Poitiers, 15, rue de Blossac, F-86034 Poitiers Cedex

Reims – Université de Reims Champagne/Ardennes
Fachrichtungen: u. a. Biochemie, Chemie, Geografie, Geschichte, Mathematik, Medizin, Naturwissenschaften, Pharmazie, Philologie/Sprachen, Philosophie, Physik, Psychologie, angewandte Technik, Wirtschaftswissenschaften, Zahnmedizin.
Anschrift: Université de Reims Champagne/Ardennes, 23, rue Boulard, F-51097 Reims Cedex

Rennes – Université de Rennes I
Fachrichtungen: u. a. Biochemie, Biologie, Chemie, Informatik, Jura, Medizin, Naturwissenschaften, Pharmazie, Physik, Wirtschaftswissenschaften, Zahnmedizin.
Anschrift: Université de Rennes I, 2, rue du Thabor, BP 1134, F-35065 Rennes Cedex

Rennes – Université de Haute Bretagne/Rennes II
Fachrichtungen: u. a. Geografie, Geschichte, Kunstgeschichte, Philologie/Sprachen, Psychologie, Soziologie, Wirtschaftswissenschaften.
Anschrift: Université de Haute Bretagne/Rennes II, 6, avenue Gaston Berger, F-35043 Rennes Cedex

Saint Denis – Université Vincennes à Saint Denis/Paris VIII
Fachrichtungen: u. a. Geografie, Geschichte, Informatik, Jura, Kunst, Musik, Philologie/Sprachen, Philosophie, Psychologie, Soziologie, angewandte Technik, Verwaltungswissenschaft, Wirtschaftswissenschaften.
Anschrift: Université Vincennes à Saint Denis/Paris VIII, 2, rue de la Liberté, F-93526 Saint Denis Cedex 02

Saint Etienne – Université Jean Monnet
Fachrichtungen: u. a. Geografie, Geschichte, Medizin, Naturwissenschaften, Philologie/Sprachen, Rechtswissenschaften, Wirtschaftswissenschaften.
Anschrift: Université Jean Monnet, 34, Francis Baulier, F-42023 Saint Etienne

Strasbourg – Université Louis Pasteur/Strasbourg I
Fachrichtungen: u. a. Biochemie, Chemie, Geografie, Informatik, Mathematik, Naturwissenschaften, Pharmazie, Physik, Psychologie, angewandte Technik, Wirtschaftswissenschaften.
Anschrift: Université Louis Pasteur/Strasbourg I, 4, rue Blaise Pascal, F-67070 Strasbourg Cedex

Strasbourg – Université des sciences humaines/Strasbourg II
Fachrichtungen: u. a. Ethnologie, Geschichte, Kunstgeschichte, Musik, Philologie/Sprachen, Philosophie, Soziologie, Theologie.
Anschrift: Université des sciences humaines/Strasbourg II, 22, rue Descartes, F-67084 Strasbourg Cedex

Strasbourg – Université Robert Schuman/ Strasbourg III
Fachrichtungen: Jura, Wirtschaftswissenschaften.
Anschrift: Université Robert Schuman/Strasbourg III, 1, place d'Athènes, F-67084 Strasbourg Cedex

Talence – Université de Bordeaux I
Fachrichtungen: u. a. Biologie, Chemie, Ingenieurwissenschaften, Jura, Naturwissenschaften, Physik, Physiologie, Verwaltungswissenschaften, Wirtschaftswissenschaften.
Anschrift: Université de Bordeaux I, 351, cours de la Libération, F-33405 Talence Cedex

Talence – Université de Bordeaux III
Fachrichtungen: u. a. Geografie, Geschichte, Kunst, Kunstgeschichte, Philologie/Sprachen.
Anschrift: Université de Bordeaux III, 351, Domaine universitaire, Esplanade Michel de Montaigne, F-33405 Talence Cedex

Toulon – Université de Toulon et du Var
Fachrichtungen: u. a. Informatik, Jura, Naturwissenschaften, Philologie/Sprachen, Physik, Wirtschaftswissenschaften.
Anschrift: Université de Toulon et du Var, Avenue de l'Université, BP 132, F-83130 La Garde Cedex

Toulouse – Université des sciences sociales/Toulouse I
Fachrichtungen: Jura, Wirtschaftswissenschaften.
Anschrift: Université des sciences sociales/Toulouse I, Place Anatol France, F-31042 Toulouse Cedex

Toulouse – Université de Toulouse Le Mirail/ Toulouse II
Fachrichtungen: u. a. Geografie, Geschichte, Kunst, Kunstgeschichte, Philologie/Sprachen, Philosophie, Psychologie, Soziologie.
Anschrift: Université de Toulouse le Mirail/Toulouse II, 5, allée Antonio Machado, F-31058 Toulouse Cedex

Toulouse – Université Paul Sabatier/Toulouse III
Fachrichtungen: Medizin, Pharmazie, Philologie/Sprachen, angewandte Technik, Zahnmedizin.
Anschrift: Université Paul Sabatier/Toulouse III, 118, route de Narbonne, F-31062 Toulouse Cedex

Toulouse – Institut national polytechnique
Fachrichtungen: angeschlossen sind u. a. die Ecole nationale supérieure d'agronomie, das Institut du génie des procédés agro-alimentaire und die Ecole nationale supérieure d'électrotechnique, d'électronique, d'informatique et d'hydraulique.
Anschrift: Institut national polytechnique, Place des Hauts Murats, BP 354, F-31006 Toulouse Cedex

Tours – Université François Rabelais
Fachrichtungen: u. a. Geografie, Geschichte, Kunstgeschichte, Medizin, Musik, Naturwissenschaften, Pharmazie, Philologie/Sprachen, Philosophie, Physik, Psychologie, Soziologie, Wirtschaftswissenschaften.
Anschrift: Université François Rabelais, 3, rue des Tanneurs, F-37041 Tours Cedex

Vandœuvre les Nancy – Institut national polytechnique de Lorraine

Fachrichtungen: u. a. sind angeschlossen die Ecole nationale supérieure de géologie appliquée et de prospection minière, die Ecole nationale supérieure d'électricité et de mechanique, die Ecole nationale supérieure d'agronomie et des industries alimentaires sowie die Ecole nationale du génie rural, des eaux et des forêts.

Anschrift: Institut national polytechnique de Lorraine, 2, avenue de la Forêt de Haye, BP 3, F-54501 Vandœuvre les Nancy

Villeneuve d'Ascq – Université des sciences et technologies de Lille/Lille I

Fachrichtungen: u. a. Biochemie, Biologie, Chemie, Elektrowissenschaften, Geografie, Informatik, Ingenieurwissenschaften, Mathematik, Mechanik, Naturwissenschaften, Physik, Soziologie, Verwaltungswissenschaft, Wirtschaftswissenschaften.

Anschrift: Université des sciences et technologies de Lille/Lille I, Flandres, Artois, Cité scientifique, F-59655 Villeneuve d'Ascq

Villeneuve d'Ascq – Université Charles de Gaulle, Domaine universitaire, littéraire et juridique/Lille III

Fachrichtungen: u. a. Geschichte, Kunst- und Kulturgeschichte, Musik, Philologie/Sprachen, Philosophie, Psychologie, Verwaltungswissenschaft, Wirtschaftswissenschaften.

Anschrift: Université Charles de Gaulle, Domaine universitaire, littéraire et juridique/Lille III, Pont de Bois, BP 149, F-59653 Villeneuve d'Ascq Cedex

Villeurbanne – Université Claude Bernard/Lyon I
Fachrichtungen: u. a. Biologie, Chemie, Informatik, Ingenieurwissenschaften, Mathematik, Medizin, Naturwissenschaften, Pharmazie, Physik, Physiologie.
Anschrift: Université Claude Bernard/Lyon I, 43, boulevard du 11 novembre 1918, F-69622 Villeurbanne Cedex

Eine vollständige Liste aller Universitäten, Grandes Ecoles und Forschungseinrichtungen verschickt der Deutsche Akademische Austauschdienst, Kennedyallee 50, 53175 Bonn, darüber hinaus informiert: Ministère de l'éducation national, Direction des enseignements supérieurs, Bureau de l'information et de l'orientation des étudiants, 61-65, rue Dutot, 75015 Paris

Ansprechpartner:

Botschaft der Republik Frankreich, An der Marienkapelle 3, 53179 Bonn (erster Ansprechpartner für Kurz- und Sprachstipendien); Konsulate in vielen bundesdeutschen Großstädten.

Botschaft der Bundesrepublik Deutschland, 13–15, avenue Franklin D. Roosevelt, F-75008 Paris

Centre national des œuvres universitaires et scolaires CNOUS, 69, quai d'Orsay, F-75007 Paris

Deutsch-Französisches Jugendwerk, Rhöndorfer Straße 23, 53604 Bad Honnef

Deutsch-Französisches Hochschulkolleg, Schillerstraße 11, 55116 Mainz; französische Anschrift: Collège Franco-Allemand pour l'Enseignement Supérieur, 8, rue des Ecrivains, F-67081 Strasbourg

Goethe-Institut, 17, avenue d'Iéna, F-75116 Paris,

sowie Goethe-Institute in Bordeaux, Colmar, Lille, Lyon, Marseille, Nancy, Toulouse

Ministère de l'Education Nationale, 110, rue de Grenelle, 75357 Paris Cedex

Mutuelle universitaire du logement, 13, allée Port Maillard, F-4400 Nantes; Zimmervermittlung mit Zweigstellen.

Union nationale des étudiants locataires, 120, rue Notre Dame des Champs, F-75006 Paris; studentische Zimmervermittlung mit Zweigstellen.

Griechenland

Zum Land: Im Land, offiziell Helliniki Demokratia, leben über zehn Millionen Griechen vorwiegend in der Hauptstadt Athen sowie den Großstädten Saloniki und Patras. Amtssprache ist Neugriechisch, Währungseinheit die Drachme zu 100 Lepta. Neben der gebirgigen Halbinsel und dem Peloponnes gehört eine Vielzahl von Inselgruppen zum Staat. Im Land leben fast ausschließlich Griechen, die sich zum griechisch-orthodoxen Glauben bekennen. Industrie und Tourismus sowie Landwirtschaft sind die wirtschaftlichen Standbeine des EU-Mitgliedstaates. Wegen der Erdöl- und Erdgasvorkommen in der Ägäis ist das Verhältnis zum Nachbarstaat Türkei nicht immer spannungsfrei.
Der Besuch einer sechsjährigen Primarschule ist Pflicht. Die Universitäten in der Hauptstadt wurden 1836 und 1837 gegründet, die in Saloniki 1925.
  Die griechische Botschaft sowie der Deutsche Akademische Austauschdienst informieren über die Voraussetzungen für eine Studienphase an einer griechischen Universität.

Allgemeine Informationen/Fremdenverkehrsverein:
Griechische Zentrale für Fremdenverkehr, Neue Mainzer Straße 22, 60311 Frankfurt/Main

Studieren in Griechenland: Deutsche Studierende in Griechenland müssen keine Studiengebühren bezahlen. Die bundesdeutsche Hochschulreife wird als gleichwertige Eingangsvoraussetzung auch an griechischen Hochschulen anerkannt. Ein qualifizierendes Zertifikat über die ausreichende Beherrschung der griechischen Sprache – auch in bezug auf fachspezifische Kriterien – wird erwartet. An jeder der griechischen Universitäten kann man sich in den ersten beiden Oktoberwochen für ein akademisches Jahr einschreiben, Fristen für einen Studienaufenthalt lediglich im Sommersemester sind in den letzten Februarwochen. Die jeweiligen Hochschulen informieren über ihr Lehrangebot sowie über die Formalitäten für bundesdeutsche Studierende, die einige Zeit an einer griechischen Universität lernen möchten. Für Aufenthalte bis zu drei Monaten benötigt man keine Aufenthaltserlaubnis. Wer länger im Land bleiben möchte, muß sich an die Ausländerpolizei wenden. Studierende, die einen Studienplatz und eine Wohnung nachweisen können, bekommen dann eine vorläufige Aufenthaltserlaubnis.

Das Hochschulsystem: In Griechenland gibt es 18 öffentliche Universitäten u. a. in Athen, Thessaloniki, Patras und auf Kreta. Außerdem existiert eine Reihe technischer und künstlerischer Hochschulen. Das akademische Jahr mit seinen zwei Semestern beginnt im Oktober und endet im Juni. Jedes der acht Semester, die mindestens zu absolvieren sind, gliedert sich in einen 13wöchigen Vorlesungs- und einen zweiwöchigen Prüfungsteil. Das Ministerium für nationale Bildung ist in der Regel der Träger der Hochschulen, jedoch gibt es Institute, die administrativ dem Verteidigungsministerium oder anderen Ministerien zugeordnet sind.

Kosten und Förderungen: Eine Reihe von Stipendien steht für bundesdeutsche Studierende in Griechenland sowie für Teilnehmer an Sprachkursen zur Verfügung. Sowohl der Deutsche Akademische Austauschdienst als auch die griechische Regierung fördern vornehmlich Studierende höherer Semester sowie Graduierte mit ausreichenden Kenntnissen des Neugriechischen. BAföG-Ansprechpartner ist das Studentenwerk Marburg, Erlenring 5, 35037 Marburg.

Hochschulen/Institute: Es wird eine Auswahl technischer und geisteswissenschaftlicher Universitäten (in Klammern der griechische Name) aufgelistet. Botschaften und Konsulate des Landes sowie der Deutsche Akademische Austauschdienst, Kennedyallee 50, 53175 Bonn, informieren ausführlich über Studienmöglichkeiten für Bundesdeutsche in Griechenland.

Athen – Agricultural University of Athens
Fachrichtungen: u. a. Agrarwissenschaft, Biologie, Ingenieurwissenschaften, Technologie.
Anschrift: Agricultural University of Athens (Anotati Geoponiki Scholi Athinon), Iera Odos 75, GR-11855 Athina

Athen – University of Athens
Fachrichtungen: u. a. Biochemie, Biologie, Chemie, Geografie, Geschichte, Gesundheitswesen, Informatik, Ingenieurwissenschaften, Jura, Mathematik, Medizin, Philologie/Sprachen, Philosophie, Politikwissenschaft, Psychologie, Sozialwissenschaften, Theaterwissenschaft, Theologie, Wirtschaftswissenschaften, Zahnmedizin.

Anschrift: University of Athens (Ethniko kai Kapodistriako Panepanepistimio Athinon), El. Venizelou, GR-10679 Athina

Athen – Athens School of Fine Art
Fachrichtungen: Bildhauerei, Drucktechnik, Grafik, Malerei.
Anschrift: Athens School of Fine Art (Anotati Scholi Kalon Tehnon), Patission 42, GR-10682 Athina

Athen – National and Capodistrian University of Athens
Fachrichtungen: u. a. Architektur, Informatik, Jura, Philologie/Sprachen, Philosophie, Politikwissenschaft, Psychologie, Theologie, Wirtschaftswissenschaften.
Anschrift: National and Capodistrian University of Athens (Pantion Panepistimio Koinonikon kai Politikon Epistimon), Leoforos Suggrou 136, GR-17671 Athina

Athen/Aigaleo – Technical Education Institute Athen
Fachrichtungen: u. a. Gesundheitswesen, Informatik, Ingenieurwissenschaften, Sozialwissenschaften, Wirtschaftswissenschaften.
Anschrift: Technical Education Institute Athen (T.E.I. Athinas), GR-12243 Aigaleo-Athina

Athen – Athens University of Economics and Business
Fachrichtungen: u. a. Angewandte Informatik, Marketing, Statistik, Verwaltungswissenschaft, Wirtschaftswissenschaften.

Anschrift: Athens University of Economics and Business (Anotato Scholi Ikonomikon Kai Emborikon Epistimon), GR-10434 Athina

Ioannina – University of Ioannina
Fachrichtungen: Archäologie, Chemie, Geschichte, Ingenieurwissenschaften, Mathematik, Medizin, Philologie/Sprachen, Philosophie, Physik, Psychologie.
Anschrift: University of Ioannina (Panepistimio Ioanninon), GR-45110 Ioannina

Iraklion – Technical Education Institute of Iraklion
Fachrichtungen: u. a. Agrarwissenschaft, Ingenieurwissenschaften, Metallurgie, Wirtschaftswissenschaften.
Anschrift: Technical Education Institute of Iraklion (T.E.I. Irakliou), GR-71500 Iraklio-Kriti

Komotini – Democritos University of Thrace
Fachrichtungen: u. a. Architektur, Chemie, Geografie, Informatik, Ingenieurwissenschaften, Jura, Mathematik, Medizin, Physik, Politikwissenschaft, Sozialwissenschaft, Wirtschaftswissenschaften.
Anschrift: Democritos University of Thrace (Dimokritio Panepistimio Thrakis), GR-69100 Komotini

Patras – Technical Education Institute of Patras
Fachrichtungen: u. a. Biologie, Geologie, Ingenieurwissenschaften, Mathematik, Medizin, Physik, Wirtschaftswissenschaften.
Anschrift: Technical Education Institute of Patras (T.E.I. Tatras), GR-26334 Patra

Piraeus - University of Piraeus
Fachrichtungen: Ingenieurwissenschaften, Jura, Naturwissenschaften, Verwaltungswissenschaft, Wirtschaftswissenschaften.
Anschrift: University of Piraeus (Panepistimio Pireos) 80, Karaoli Dimitriou 40, GR-18594 Pireas

Rethymnon – University of Crete
Fachrichtungen: u. a. Biologie, Chemie, Geschichte, Informatik, Mathematik, Philologie/Sprachen, Philosophie, Physik, Psychologie, Sozialwissenschaften, Wirtschaftswissenschaften.
Anschrift: University of Crete (Panepistimio Kritis), Dimitrakaki 17, GR-74100 Rethymno-Kriti

Thessaloniki – Aristoteles University
Fachrichtungen: u. a. Agrarwissenschaft, Biologie, Chemie, Geologie, Informatik, Ingenieurwissenschaften, Jura, Mathematik, Medizin, Musikwissenschaften, Philologie/Sprachen, Philosophie, Physik, Politikwissenschaft, Psychologie, Theologie, Wirtschaftswissenschaften, Zahnmedizin.
Anschrift: Aristoteles University (Aristoteleio Panepistimio), GR-54006 Thessaloniki

Thessaloniki-Technical Education Institute Thessaloniki
Fachrichtungen: u. a. Agrarwissenschaft, Gesundheitswesen, Informatik, Ingenieurwissenschaften, Wirtschaftswissenschaften.
Anschrift: Technical Education Institute Thessaloniki (T.E.I. Thessalonikis), GR-54101 Thessaloniki

Ansprechpartner:

Botschaft der Griechischen Republik, Koblenzer Straße 103, 53117 Bonn

Botschaft der Bundesrepublik Deutschland, Vass. Sofias 10, GR-15124 Athen

Goethe-Institut, POB 30383, Omiroustraße 14–16, GR-10033 Athen

Goethe-Institut, POB 10268, Leoforos Nikis 15, GR-54110 Thessaloniki

Ministry of National Education and Religious Cults, Section C. Eurydice, Mitropoleos 15, GR-10185 Athen

Vereinigung der Deutsch-Griechischen Gesellschaften, Osloer Straße 113, 53117 Bonn

Großbritannien

Zum Land: Das Vereinigte Königreich von Großbritannien und Nordirland umfaßt neben England und dem Nordteil Irlands Wales und Schottland. Allein in der Region von Greater London leben fast sieben Millionen Menschen, im gesamten Großbritannien rund 48 Millionen. Im Laufe der letzten Jahrzehnte sind ca. zwei Millionen Menschen aus dem ehemaligen Commonwealth eingewandert. Die älteste Industrienation der Welt ist einer der wichtigsten Handelspartner der Bundesrepublik Deutschland. Währung ist das Pfund Sterling.

Im Rahmen der EG-Regelungen benötigen Bundesdeutsche in Großbritannien lediglich einen Personalausweis. Eine Aufenthaltsgenehmigung wird für sechs Monate erteilt. Das Konsulat beantwortet alle in diesem Zusammenhang entstehenden Fragen. Studienbewerber sollten ein *residence permit* beantragen. Ansprechpartner dafür ist das Home Office, Immigration and Nationality Department, Lunar House, 40 Wellesley Road, Croydon, Surrey CR9 2BY. Ein Wohnplatz sollte langfristig gesucht werden, da in den Studentenwohnheimen Plätze vor allem an Studienanfänger vergeben werden.

Allgemeine Informationen/Fremdenverkehrsverein: Britische Zentrale für Fremdenverkehr, Taunusstraße 52–60, 60329 Frankfurt/Main

Studieren in Großbritannien: Ein britischer Schüler hat keinen Anspruch auf einen Universitätsplatz, er muß sich qualifizieren. Bundesdeutsche Studierende müssen ebenfalls bestimmte Zulassungsvoraussetzungen erfüllen. Dazu gehört der Nachweis, den Studiengang erfolgreich absolvieren zu können. Die Hochschulen entscheiden nach unterschiedlichen Kriterien und haben eigene Eingangsvoraussetzungen aufgestellt. Interessierte sollten die konkreten Anforderungen bei den Universitäten und Colleges erfragen. Die Zulassung während des ersten Studienabschnitts ist normalerweise nur von Beginn eines Studienjahres an möglich. Wer sein gesamtes Studium in Großbritannien absolvieren möchte, muß seine Zulassung bei den Universities and Colleges Admissions, Service, Fulton House, Jessop Avenue, Cheltenham, Gloucestershire GL50 3SH, beantragen. Diese Institution verschickt ihr Handbuch »How to Apply for Admission to a University« nebst den Zulassungsanträgen, die bis Mitte Dezember des jeweiligen Jahres eingereicht werden müssen. Über die Aufnahme auch bundesdeutscher Studenten entscheiden die jeweiligen Universitäten. Zusagen werden normalerweise im Frühjahr gegeben, den endgültigen Bescheid erhält der bundesdeutsche Studierende bis September. Über die Bereiche Kunst/Design informiert der Deutsche Akademische Austauschdienst.

Bundesdeutsche Studierende müssen häufig zusätzlich zu regulären Aufnahmebedingungen eine Sprachprüfung nachweisen. Der Deutsche Akademische Auslandsdienst gibt regelmäßig ein Verzeichnis mit den Sommersprachkursen an britischen und irischen Hochschulen heraus.

Das Hochschulsystem: Im Rahmen der britischen Hochschulen bieten Universitäten und Colleges of Higher Education den Studenten zwei verschiedenartige Ausbildungssysteme. Auch die einzelnen Hochschulen sind akademisch unterschiedlich ausgeformt. Je nach Forschungs- und Lehrschwerpunkten bieten die Anstalten stark voneinander abweichende Bilder. Oxford und Cambridge sind die bekanntesten Hochschulen. Aberdeen und Glasgow genießen ebenfalls einen guten Ruf.

Die Hochschulen entscheiden selbst über die Lehrinhalte und die Aufnahme der Studenten. Um ein vergleichbares Examensniveau zu ermöglichen, nimmt neben dem Prüfungspersonal jeweils ein externer Hochschullehrer an den Examina teil.

Das Studienjahr dauert von September/Oktober bis Juni/Juli. Es wird häufig noch in Trimester untergliedert, an einigen Hochschulen geht man aber bereits zu Semestern über. Das Studium selbst besteht zunächst aus den *undergraduate studies*, die mit einem akademischen Grad abgeschlossen werden. Diese Studieneinheit ist streng durchstrukturiert und durch Stundenpläne gegliedert. Neben Seminaren und Vorlesungen wird der Unterricht in kleinen Gruppen angeboten. Nach dem ersten Abschluß kann man das *postgraduate*-Studium selbständiger gestalten. Prüfungen werden je nach Hochschule in unterschiedlichen Verfahren abgenommen. Der erste Grad, *Bachelor*, in Schottland auch *Master*, wird in der Regel nach drei Jahren erlangt. In der weiteren Studienphase kann man *Master's Degrees* erlangen, für eine mehrjährige Forschungsarbeit kann ein *Doctor*-Grad verliehen werden. Colleges vergeben neben Zertifikaten, die dem Universtitätsabschluß vergleichbar sind, teilweise auch solche nach den Richtlinien von Berufsverbänden und anderen Institutionen.

Kosten und Förderungen: Die Hochschulen des Vereinigten Königreichs finanzieren sich zum Teil durch Studiengebühren. Deren Höhe ist unterschiedlich, bundesdeutsche Studierende werden im Rahmen des EU-Gleichbehandlungsgrundsatzes wie Briten behandelt und zahlen soviel wie diese. Neben den nicht die Kosten deckenden Studiengebühren werden *fees* für weitere Leistungen der Universitäten und Colleges erhoben, die teilweise durchaus vierstellige Summen in Pfund erreichen können. Eine Gebührenerstattung kann beantragt werden. Dazu muß eine Reihe von Auflagen erfüllt sein: Das Studium muß offiziell anerkannt sein, es darf sich nicht um die Wiederholung einer Studienphase handeln, und der bundesdeutsche Studierende darf keine anderen britischen Mittel in Anspruch nehmen. Wer in Großbritannien ein Vollstudium absolviert und schon vorher drei Jahre im Königreich gelebt hat, kann neben der Gebührenerstattung auch Unterhaltszahlungen bekommen.

Auch für Großbritannien vergibt der Deutsche Akademische Austauschdienst sowohl an Studierende wie Postgraduierte Stipendien. Eine Reihe britischer Hochschulen bietet ebenfalls Stipendien für bundesdeutsche Bewerber nach Kriterien, die denen des DAAD vergleichbar sind. Bei den Auslandsämtern und den Sekretariaten der Kunsthochschulen liegen häufig Bewerbungsformulare aus.

Das Hochschulsystem in Großbritannien läßt kaum Möglichkeiten zum Geldverdienen. Nur in vorlesungsfreien Zeiten ist Jobben ohne eine Arbeitserlaubnis möglich, der Arbeitsmarkt im Vereinigten Königreich aber ist in einer ungünstigen Situation. Der bundesdeutsche Studierende sollte seine Lebenshaltungskosten am besten vorab sicherstellen. BAföG-Ansprechpartner ist das Landesamt für Ausbildungsförderung, Nordrhein-Westfalen, Theaterplatz 14, 52062 Aachen.

Hochschulen/Institute: Neben den Universitäten des Vereinigten Königreichs gibt es Kunstakademien, -Hochschulen und -Colleges in 15 Orten des Inselreiches sowie Colleges for Music in Birmingham, Cardiff, Glasgow, London und Manchester und eine Open University in Milton Keynes mit ca. 260 Studienzentren.

Aberdeen – The Robert Gordon University/Institute of Technology
Fachrichtungen: u. a. Agrarwissenschaft, Design, Gestaltung, Gesundheitswesen, Ingenieurwissenschaften, Technik, Verwaltungswissenschaften.
Anschrift: The Robert Gordon University, Schoolhill, Aberdeen AB9 1FR, Scotland

Aberdeen – University of Aberdeen
Fachrichtungen: u. a. Biologie, Ingenieurwissenschaften, Jura, Kunst, Mathematik, Medizin, Physik, Theologie, Wirtschafts- und Sozialwissenschaften.
Anschrift: University of Aberdeen, Regent Walk, Aberdeen AB9 1FX, Scotland

Aberystwyth – University College of Wales
Fachrichtungen: u. a. Agrarwissenschaft, Geografie, Geschichte, Jura, Kunst, Musik, Philosophie, Theologie, Wirtschaftswissenschaften.
Anschrift: University College of Wales, Aberystwyth SY23 2AX, Wales

Bath – University of Bath
Fachrichtungen: u. a. Architektur, Biochemie, Biologie, Chemie, Elektronik, Mathematik, Medizin, Pharmazie, Philologie/Sprachen, Physik, Wirtschaftswissenschaften.
Anschrift: University of Bath, Claverton Down, Bath BA2 7AY, England

Belfast – Queen's University of Belfast
Fachrichtungen: u. a. Agrarwissenschaft, Ingenieurwissenschaften, Jura, Kunst, Medizin, Naturwissenschaften, Theologie, Wirtschaftswissenschaften.
Anschrift: Queen's University of Belfast, University Road, Belfast BT7 1NN, Northern Ireland

Birmingham – University of Birmingham
Fachrichtungen: u. a. Ingenieurwissenschaften, Jura, Kunst, Medizin, Naturwissenschaften, Wirtschafts- und Sozialwissenschaften, Zahnmedizin.
Anschrift: University of Birmingham, Edgbaston, Birmingham B15 2TT, England

Birmingham – University of Central England
Fachrichtungen: u. a. Design, Gesundheitswesen, Informatik, Kunst, Technologie, Wirtschaftswissenschaften.

Anschrift: University of Central England in Birmingham, Perry Barr, Birmingham B42 2SU, England

Bradford – University of Bradford
Fachrichtungen: Ingenieurwissenschaften, Naturwissenschaften.
Anschrift: University of Bradford, Richmond Road, Bradford, West Yorkshire BD7 1 DP, England

Bristol – University of Bristol
Fachrichtungen: u. a. Biologie, Chemie, Ingenieurwissenschaften, Jura, Kunst, Medizin, Pharmazie, Psychologie, Sozialwissenschaften, Wirtschaftswissenschaften.
Anschrift: University of Bristol, Senate House, Bristol BS8 1TH, England

Bristol – University of West of England/Polytechnic
Fachrichtungen: u. a. Design, Informatik, Ingenieurwissenschaften, Jura, Kunst, Mathematik, Philologie/Sprachen, Wirtschaftswissenschaften.
Anschrift: University of West of England at Bristol, Coldharbour Lane, Frenchay, Bristol BS16 1QY, England

Buckingham – University of Buckingham
Fachrichtungen: u. a. Jura, Philologie/Sprachen, Politikwissenschaft, Verwaltung, Wirtschaftswissenschaften.
Anschrift: University of Buckingham, Buckingham MK18 1EG, England

Cambridge – University of Cambridge
Fachrichtungen: u. a. Archäologie, Architektur, Biochemie, Biologie, Chemie, Geografie, Geologie, Geschichte, Jura, Mathematik, Medizin, Musik, Naturwissenschaften, Philologie/Sprachen, Philosophie, Physik, Politikwissenschaft, Theologie, Wirtschaftswissenschaften.
Anschrift: University of Cambridge, Trinity Lane, The Old Schools, Cambridge CB2 1TN, England

Cardiff – University of Wales
Fachrichtungen: u. a. Architektur, Gesundheitswesen, Politikwissenschaft, Psychologie, Wirtschaftswissenschaften.
Anschrift: University of Wales, College of Cardiff, PO Box 78, Cardiff CF 1 3XA, Wales

Coventry – Coventry University/Polytechnic
Fachrichtungen: u. a. Gesundheitswesen, Ingenieurwissenschaften, Jura, Kunst, Mathematik, Naturwissenschaften, Wirtschaftswissenschaften.
Anschrift: Coventry University, Priory Street, Coventry CV1 5FB, England

Derby – University/College of Higher Education
Fachrichtungen: u. a. Gesundheitswesen, Kunst, Mathematik, Musik, Philologie/Sprachen, Wirtschaftswissenschaften.
Anschrift: University of Derby, Kedleston Road, Derby DE3 1GB, England

Dundee – University of Dundee
Fachrichtungen: u. a. Ingenieurwissenschaften, Jura, Kunst, Medizin, Naturwissenschaften, Philologie/Sprachen, Sozialwissenschaften, Zahnmedizin.
Anschrift: University of Dundee, Dundee DD1 4HN, Scotland

Edinburgh – University of Edinburgh
Fachrichtungen: u. a. Agrarwissenschaft, Architektur, Jura, Kunst, Medizin, Musik, Philologie/Sprachen, Sozialwissenschaften, Theologie, Tiermedizin.
Anschrift: University of Edinburgh, Old College, South Bridge, Edinburgh, EH8 9YL, Scotland

Glasgow – University of Glasgow
Fachrichtungen: u. a. Agrarwissenschaft, Ingenieurwissenschaften, Jura, Kunst, Medizin, Philologie/Sprachen, Psychologie, Sozialwissenschaften, Theologie, Tiermedizin, Wirtschaftswissenschaften, Zahnmedizin.
Anschrift: University of Glasgow, Glasgow, G12 8QQ, Scotland

Hatfield – University of Hertfordshire
Fachrichtungen: u. a. Informatik, Ingenieurwissenschaften, Kunst, Mathematik, Naturwissenschaften, Sozialwissenschaften, Wirtschaftswissenschaften.
Anschrift: University of Hertfordshire, College Lane, Hatfield AL10 9AB, England

Huddersfield – University of Huddersfield
Fachrichtungen: u. a. Gesundheitswesen, Ingenieurwissenschaften, Jura, Mathematik, Musik, Wirtschaftswissenschaften.
Anschrift: University of Huddersfield, Queensgate, Huddersfield, West Yorkshire HD1 3DH, England

Hull – University of Hull
Fachrichtungen: u. a. Biologie, Chemie, Ingenieurwissenschaften, Jura, Kunst, Mathematik, Musik, Philologie/Sprachen, Politikwissenschaft, Psychologie, Sozialwissenschaften, Wirtschaftswissenschaften.
Anschrift: University of Hull, Cottingham Road, Hull HU6 7RX, England

Hull – University of Humberside
Fachrichtungen: u. a. Architektur, Informatik, Ingenieurwissenschaften, Jura, Kunst, Sozialwissenschaften, Wirtschaftswissenschaften.
Anschrift: University of Humberside, Cottingham Road, Hull HU6 7RT, England

Kingston upon Thames – Kingston University
Fachrichtungen: u. a. Design, Jura, Philologie/Sprachen, Sozialwissenschaften, Technologie, Wirtschaftswissenschaften.
Anschrift: Kingston University, Penrhyn Road, Kingston upon Thames, Surrey KT1 2EE, England

Leeds – University of Leeds
Fachrichtungen: u. a. Agrarwissenschaft, Ingenieurwissenschaften, Jura, Kunst, Medizin, Philologie/Sprachen, Wirtschaftswissenschaften.

Anschrift: University of Leeds, Leeds LS2 9JT, England

Leicester – De Montfort University/Polytechnic
Fachrichtungen: u. a. Agrarwissenschaft, Architektur, Biologie, Chemie, Informatik, Jura, Kunst, Mathematik, Medizin, Pharmazie, Sozialwissenschaften, Technologie, Wirtschaftswissenschaften.
Anschrift: De Montfort University, PO Box 143, Leicester LE1 9BH, England

Leicester – University of Leicester
Fachrichtungen: u. a. Ingenieurwissenschaften, Jura, Kunst, Medizin, Philologie/Sprachen, Philosophie, Psychologie, Sozialwissenschaften.
Anschrift: University of Leicester, University Road, Leicester LE1 7RH, England

Liverpool – University of Liverpool
Fachrichtungen: u. a. Architektur, Ingenieurwissenschaften, Jura, Kunst, Medizin, Musik, Philologie/Sprachen, Psychologie, Sozialwissenschaften, Tiermedizin.
Anschrift: University of Liverpool, PO Box 147, Liverpool L69 3BX, England

Liverpool – John Moores University/Polytechnic
Fachrichtungen: u. a. Architektur, Gesundheitswesen, Ingenieurwissenschaften, Jura, Kunst, Medizin, Naturwissenschaften, Philosophie, Sozialwissenschaften, Theologie, Wirtschaftswissenschaften, Zahnmedizin.
Anschrift: Liverpool John Moores University, Rodney House, 70 Mount Pleasant, Liverpool L3 5XU, England

London – King's College London
Fachrichtungen: u. a. Ingenieurwissenschaften, Jura, Mathematik, Medizin, Musik, Philologie/Sprachen, Philosophie, Physik, Zahnmedizin.
Anschrift: King's College London, Strand, London WC2R 2LS, England

London – School of Oriental and African Studies
Fachrichtungen: u. a. Anthropologie, Geografie, Geschichte, Philologie/Sprachen, Religion, Soziologie.
Anschrift: School of Oriental and African Studies, Thornhaugh Street, Russel Square, London WC1H 0XG, England

London – South Bank University/Polytechnic
Fachrichtungen: u. a. Ingenieurwissenschaften, Jura, Philologie/Sprachen, Soziologie, Technologie, Verwaltungswissenschaft.
Anschrift: South Bank University, 103, Borough Road, London SE1 0AA, England

Manchester – Manchester Metropolitan University/Polytechnic
Fachrichtungen: u. a. Architektur, Ingenieurwissenschaften, Jura, Kunst, Philologie/Sprachen, Psychologie, Sozialwissenschaften, Wirtschaftswissenschaften.
Anschrift: Manchester Metropolitan University, All Saints, Manchester M15 6BH, England

Manchester – University of Manchester
Fachrichtungen: u. a. Biologie, Ingenieurwissenschaften, Jura, Kunst, Medizin, Philologie/Sprachen, Philosophie, Physik, Verwaltung, Wirtschaftswissenschaften.

Anschrift: University of Manchester, Victoria, Oxford Road, Manchester M13 9PL, England

Newcastle – University of Newcastle upon Tyne
Fachrichtungen: u. a. Agrarwissenschaft, Ingenieurwissenschaften, Jura, Kunst, Medizin, Sozialwissenschaften, Zahnmedizin.
Anschrift: University of Newcastle upon Tyne, Kensington Terrace, Newcastle upon Tyne NE1 7RU, England

Norwich – University of East Anglia
Fachrichtungen: u. a. Biologie, Chemie, Gesundheitswesen, Jura, Kunst, Mathematik, Philologie/Sprachen, Physik, Wirtschaftswissenschaften.
Anschrift: University of East Anglia, University Plain, Norwich NR4 7TJ, England

Nottingham – Nottingham Trent University/ Polytechnic
Fachrichtungen: u. a. Ingenieurwissenschaften, Jura, Kunst, Wirtschaftswissenschaften.
Anschrift: Nottingham Trent University, Burton Street, Nottingham NG1 4BU, England

Oxford – Oxford Brookes University/Polytechnic
Fachrichtungen: u. a. Agrarwissenschaft, Architektur, Biologie, Gesundheitswesen, Informatik, Kunst, Mathematik, Philologie/Sprachen, Sozialwissenschaften.
Anschrift: Oxford Brookes University, Headington, Oxford OX3 0BP, England

Oxford – University of Oxford
Fachrichtungen: zahlreiche Colleges und Fakultäten, u. a. Biologie, Geografie, Geschichte, Jura, Mathematik, Medizin, Musik, Philologie/Sprachen, Physik, Psychologie, Sozialwissenschaften, Theologie.
Anschrift: University of Oxford, University Office, Wellington Square, Oxford OX1 2JD, England

Sheffield – University/Polytechnic
Fachrichtungen: u. a. Gesundheitswesen, Informatik, Ingenieurwissenschaften, Technologie, Wirtschaftswissenschaften.
Anschrift: Sheffield University/Polytechnic, Pond Street, Sheffield S1 1WB, England

Sheffield – University of Sheffield
Fachrichtungen: u. a. Architektur, Ingenieurwissenschaften, Jura, Kunst, Medizin, Musik, Naturwissenschaften, Sozialwissenschaften, Wirtschaftswissenschaften, Zahnmedizin.
Anschrift: University of Sheffield, Sheffield S10 2TN, England

Southampton – University of Southampton
Fachrichtungen: u. a. Ingenieurwissenschaften, Jura Kunst, Mathematik, Medizin, Politikwissenschaft, Psychologie, Sozialwissenschaften.
Anschrift: University of Southampton, Highfield, Southampton S09 5NH, England

Wolverhampton – University of Wolverhampton/ Polytechnic

Fachrichtungen: u. a. Design, Jura, Kunst, Philologie/Sprachen, Technologie, Verwaltungswissenschaften, Wirtschaftswissenschaften.
Anschrift: University of Wolverhampton, Molineux Street, Wolverhampton WV1 1SB, England

York – University of York

Fachrichtungen: u. a. Ingenieurwissenschaften, Kunst, Mathematik, Naturwissenschaften, Philologie/Sprachen, Sozialwissenschaften.
Anschrift: University of York, Heslington, York Y01 5DD, England

Eine vollständige Liste aller Hochschulen und Institute verschickt der Deutsche Akademische Austauschdienst, Kennedyallee 50, 53175 Bonn. In der Broschüre wird nicht nur über die Universitäten des Vereinigten Königreiches informiert, sondern auch über Kunstakademien und Colleges sowie die Musikschulen des Landes.

Ansprechpartner:

Botschaft des Vereinigten Königreichs Großbritannien und Nordirland, Friedrich-Ebert-Allee 77, 53113 Bonn; das Foreign and Commonwealth Office, das an Bewerber aus den neuen Bundesländern Stipendien vergibt, hat dieselbe Anschrift.

Botschaft der Bundesrepublik Deutschland, 23 Belgrave Square, London SW 1X 8PZ, England

The British Council, 10 Spring Gardens, London, SW

1A 2BN; in der Bundesrepublik: The British Council, Hardenbergstraße 20, 10623 Berlin

Department of Education, Sanctuary Buildings, Great Smith Street, London SW1P 3BT, England

Department of Education for Northern Ireland, Scholarship Branch, Rathgael House, Balloo Road, Bangor, County Down BT19 2PR, Northern Ireland

Goethe-Institut, Scottish-German Centre, 3 Park Circus, Glasgow G3 6AX, Scotland

Goethe-Institut, 50 Princes Gate, Exhibition Road, London SW7, 2PH, England

Medical Research Council, 20 Park Crescent, London W1N 4AL, England

National Union of Students, Headquarters, 461 Holloway Road, London N7, England

Students Awards Agency for Scotland, Gyleview House, 3 Redheughs Rigg, Edinburgh EH12 9HH, Scotland

Irland

Zum Land: Zur Republik mit dem amtlichen Namen Poblacht na h'Éireann gehört der größere Teil der Insel. Weniger als vier Millionen Einwohner leben in der Republik Irland, über ein Viertel davon in der Hauptstadt Dublin, Baile Atha Cliath.
Amtssprache des zu weit über 90 Prozent katholischen Landes sind Irisch und dann Englisch, Währung ist das Irische Pfund. Das 1591 ursprünglich protestantisch gegründete Trinity College in Dublin besitzt eine wertvolle Handschriftensammlung. Das Stadtbild ist immer noch geprägt von der Blütezeit im 18. Jahrhundert.
Weitere größere Stadt ist Cork mit rund 180 000 Einwohnern.

Bundesdeutsche Studierende können mit Personalausweis einreisen, nach drei Monaten jedoch benötigt man ein *residence permit*, das von den Polizeistellen oder vom Justizministerium, St. Stephen's Green, Dublin 2, vergeben wird. Bei Studierenden aus einem EU-Land wird häufig am Hafen oder Flughafen im Paß vermerkt, daß man am Ende des jeweiligen Studienjahrs aufenthaltsberechtigt ist.

Die Lebenshaltungskosten sind mit denen in Deutschland vergleichbar, Wohnraum für Studierende ist wie überall knapp. Der Arbeitsmarkt ist noch angespannter als in der Bundesrepublik, so daß Jobben für den Lebensunterhalt auf der Insel die Ausnahme bleiben wird. Über Studentenvergünstigungen informiert die Union of Students im Ireland Travel Service, 19 Aston Quay, O'Conell Bridge, Dublin 2. Hier erhält man eine Discount-Karte, mit der man Studententarife und Ermäßigungen in Anspruch nehmen kann.

Allgemeine Informationen/Fremdenverkehrsverein: Irische Fremdenverkehrszentrale, Untermainanlage 7, 60329 Frankfurt/Main.

Studieren in Irland: Auch in Irland ist das Bildungsangebot der jeweiligen Hochschulen unterschiedlich, deshalb sollte der Studierende sich an seiner Wunschuniversität über konkrete Voraussetzungen erkundigen. Ob man seinen Studienplatz an der gewünschten Hochschule erhält, ist von dieser abhängig: Jedes Institut hat seine speziellen Anforderungen an ausländische Studierende. Auch in Irland ist die Nachfrage nach Studienplätzen deutlich höher als das vorhandene Angebot. Die Bewerbung um einen Studienplatz erfolgt entweder direkt an die Universität oder das College oder zentral an das *Central Applications Office*. Grundsätzlich aber ist das bundesdeutsche Abitur eine Voraussetzung für die Zulassung in Irland. In der Regel sollten die Unterlagen bis zum 1. Februar des jeweilig angestrebten Studienjahres eingereicht worden sein. Wieweit die in der Bundesrepublik erworbenen Kenntnisse anerkannt werden, entscheidet die jeweilige Hochschule. Unterrichtssprache ist Englisch. Hochschulübergreifend informiert der Irish Council for Overseas Students.

Das Hochschulsystem: Neben den Universitäten und den Colleges für die Lehrerausbildung entstanden in den 60er Jahren die *Regional Technical Colleges* und die *National Institutes for Higher Education*. Die Technical Colleges werden im tertiären Bildungsbereich angesiedelt. Hier werden berufsqualifizierende ebenso wie staatliche Abschlüsse verliehen.

Juristen und Notare werden durch die *Incorporated Law Society* ausgebildet; um an dem Society-Programm teilnehmen zu können, bedarf es entweder einschlägiger Berufspraxis oder eines in Irland oder Großbritannien erworbenen Hochschulabschlusses. Wegen der unterschiedlichen Studieninhalte sollte sich der bundesdeutsche Studierende, der sich in Irland einschreiben will, ausführlich bei der jeweiligen Hochschule über die besonderen Bedingungen informieren. Die Vorlesungsverzeichnisse mit formalen und inhaltlichen Daten der jeweiligen Hochschule kann man über das Admissions Office anfordern, es wird darauf eine Gebühr in unterschiedlicher Höhe erhoben.

Das akademische Jahr beginnt auch in Irland im September/Oktober und gliedert sich wie das von Großbritannien häufig in Trimester. Die Prüfungstermine variieren von Hochschule zu Hochschule, Examina aber werden zumeist im Sommer abgelegt. Auch das Studium selbst gliedert sich ähnlich wie im Vereinigten Königreich in *undergraduate* und *postgraduate studies*. Die erste Studienphase wird in der Regel nach drei bis vier Jahren mit einem Abschluß beendet. Nach jedem Studienjahr wird der Stoff mündlich und schriftlich abgefragt. Die starre Struktur dieses ersten Abschnittes lockert sich allmählich auf, Wahlpflichtfächer sind vor allem in den Regional Technical Colleges eingeführt worden. Einige Fächer können als Kombinationsstudiengänge belegt werden. Als erster Abschluß wird der *Bachelor's Degree* in den jeweiligen Fachrichtungen verliehen. In der Postgraduierten-Phase werden Promotionsstudien und *Master's Degree Courses* angeboten. Die Eingangsvoraussetzungen für beide sind ebenso unterschiedlich, die Studienzeit variiert zwischen zwei und vier Jahren.

Kosten und Förderungen: Studiengebühren sind in Irland obligatorisch, bundesdeutsche Studierende zahlen dieselbe Summe wie ihre irischen Kommilitonen. Die Höhe der Gebühren ist vom jeweiligen Fach und von der Hochschule abhängig. Ein Studienjahr kann für Mediziner oder Ingenieurwissenschaftler deutlich über 2000 irische Pfund kosten. Die Beträge im Postgraduiertenbereich liegen noch darüber.

Der Deutsche Akademische Auslandsdienst vergibt Stipendien an bundesdeutsche Studierende; auch die irische Regierung stellt eine kleine Zahl von Stipendien zur Verfügung. Im Rahmen des Hochschulkooperationsvertrages stehen weitere Mittel für bundesdeutsche Studierende in Irland bereit. BAföG-Ansprechpartner ist das Landesamt für Ausbildungsförderung, Nordrhein-Westfalen, Theaterplatz 14, 52062 Aachen.

In den Sommermonaten finden auch Veranstaltungen für ausländische Irlandreisende statt: Kultur, Geschichte und Literatur der Insel werden in der vorlesungsfreien Zeit an den Colleges in Dublin, Cork und Galway vorgestellt. Auch diese Sommerschulen beinhalten Besuche in Museen und Theatern. Unterkünfte werden vermittelt.

Hochschulen/Institute: Neben den Colleges und Universitäten gibt es eine Reihe von Kunst- und Musikhochschulen in Dublin, außerdem zahlreiche theologische Hochschulen in vielen Städten.

Bishopstown – Regional Technical College
Fachrichtungen: u. a. Ingenieurwissenschaften, Kunst, Musik, Naturwissenschaften, Wirtschaftswissenschaften.
Anschrift: Regional Technical College, Rossa Avenue, Bishopstown, County Cork

Carlow – Austin Waldron Regional Technical College
Fachrichtungen: Ingenieur- und Wirtschaftswissenschaften.
Anschrift: Austin Waldron Regional Technical College, Kilkenny Road, Carlow

Cork – University College
Fachrichtungen: u. a. Biochemie, Chemie, Geografie, Geologie, Geschichte, Informatik, Ingenieurwissenschaften, Jura, Mathematik, Medizin, Musik, Pharmazie, Philologie/Sprachen, Philosophie, Psychologie, Sozialwissenschaften, Soziologie, Wirtschaftswissenschaften, Zahnmedizin.
Anschrift: University College, Cork

Dublin – City University
Fachrichtungen: u. a. Biologie, Chemie, Ingenieurwissenschaften, Mathematik, Philologie/Sprachen, Physik, Wirtschaftswissenschaften.
Anschrift: City University, Dublin 9

Dublin – Church of Ireland College of Education
Fachrichtungen: u. a. Philologie/Sprachen, Theologie.
Anschrift: Church of Ireland College of Education, 96 Upper Rathmines Road, Dublin 6

Dublin – Royal College of Surgeons in Ireland
Fachrichtungen: Biochemie, Medizin, Zahnmedizin.
Anschrift: Royal College of Surgeons in Irland, 123 St. Stephen's Green, Dublin 2

Dublin – Institute of Technology/DIT – Catering
Fachrichtungen: Tourismus, Wirtschaftswissenschaften.
Anschrift: Institut of Technology/DIT, Cathal Brugha Street, Dublin 1

Dublin – Institute of Technology/DIT – Commerce
Fachrichtungen: u. a. Informatik, Journalismus, Wirtschaftswissenschaften.
Anschrift: Institute of Technology/DIT, Rathmines, Dublin

Dublin – Institute of Technology/DIT – Marketing and Design
Fachrichtungen: u. a. Design, Kunst, Wirtschaftswissenschaften.
Anschrift: Institut of Technology/DIT, Montjoy Square, Dublin 1

Dublin – College of Technology/DIT – Technology
Fachrichtungen: u. a. Biologie, Chemie, Elektronik, Informatik, Ingenieurwissenschaften, Mathematik, Philologie/Sprachen, Physik.

Anschrift: College of Technology/DIT, Kevin Street, Dublin 8

Dublin – St. Mary's College
Fachrichtungen: neben Theologie u. a. Musik, Philologie/Sprachen.
Anschrift: St. Mary's College, Marino Institute of Education, Griffith Avenue, Dublin 9

Dublin – St. Patrick's College
Fachrichtungen für Primarschullehrer: u. a. Biologie, Geografie, Geschichte, Gesundheitswesen, Kunst, Mathematik, Musik, Philologie/Sprachen, Theologie.
Anschrift: St. Patrick's College, Drumcondra, Dublin 9

Dublin – The Honorable Society of King's Inns
Fachrichtung: Jura.
Anschrift: The Honorable Society of King's Inns, Henrietta Street, Dublin 1

Dublin – The Law Society of Ireland
Fachrichtung: Jura.
Anschrift: The Law Society of Ireland, Blackhall Place, Dublin 7

Dublin – University College
Fachrichtungen: u. a. Agrarwissenschaft, Architektur, Biochemie, Biologie, Geografie, Geologie, Geschichte, Informatik, Ingenieurwissenschaften, Jura, keltische Studien, Mathematik, Medizin, Musik, Philologie/Sprachen, Philosophie, Physik, Sozialwissenschaften, Soziologie, Tiermedizin, Wirtschaftswissenschaften.
Anschrift: University College, Belfield, Dublin 4

Dublin – University of Dublin, Trinity College
Fachrichtungen: u. a. Biochemie, Biologie, Chemie, Geografie, Geschichte, Informatik, Ingenieurwissenschaften, Jura, Kunst, Mathematik, Medizin, Musik, Naturwissenschaften, Pharmazie, Philologie/Sprachen, Philosophie, Physik, Politikwissenschaft, Psychologie, Religionswissenschaft, Soziologie, Wirtschaftswissenschaften, Zahnmedizin.
Anschrift: University of Dublin, Trinity College, Dublin 2

Galway – Regional Technical College
Fachrichtungen: u. a. Ingenieurwissenschaften, Kunst, Wirtschaftswissenschaften.
Anschrift: Regional Technical College, Dublin Road, Galway

Galway – University College
Fachrichtungen: u. a. Archäologie, Biochemie, Biologie, Chemie, Geografie, Geologie, Geophysik, Geschichte, Ingenieurwissenschaften, Jura, keltische Studien, Mathematik, Mechanik, Medizin, Pharmazie, Philologie/Sprachen, Philosophie, Physik, Politikwissenschaft, Psychologie, Soziologie, Wirtschaftswissenschaften.
Anschrift: University College, Galway

Limerick – Mary Immaculate College
Fachrichtungen: u. a. Geografie, Geschichte, Mathematik, Musik, Philologie/Sprachen, Philosophie, Theologie.
Anschrift: Mary Immaculate College, South Circular Road, Limerick

Limerick – University of Limerick
Fachrichtungen: u. a. Informatik, Mathematik, Mechanik, Philologie/Sprachen, Wirtschaftswissenschaften.
Anschrift: University of Limerick, Technological Park, Limerick

Maynooth – St. Patrick's College
Fachrichtungen: u. a. Biologie, Chemie, Geografie, Geschichte, Informatik, keltische Studien, Mathematik, Musik, Philologie/Sprachen, Philosophie, Physik, Soziologie, Wirtschaftswissenschaften.
Anschrift: St. Patrick's College, Maynooth

Sligo – Regional Technical College
Fachrichtungen: Wirtschafts- und Ingenieurwissenschaften.
Anschrift: Regional Technical College, Ballinode, Sligo

Waterford – Regional Technical College
Fachrichtungen: u. a. Architektur, Naturwissenschaften, Philologie/Sprachen, Sozialwissenschaften, Wirtschaftswissenschaften.
Anschrift: Regional Technical College, Cork Road, Waterford

Eine vollständige Liste aller Hochschulen und Institute verschickt der Deutsche Akademische Austauschdienst, Kennedyallee 50, 53175 Bonn.

Ansprechpartner:

Botschaft der Republik Irland, Godesberger Allee 119, 53175 Bonn

Botschaft der Bundesrepublik Deutschland, 31 Trimleston Avenue, Booterstown, Country Dublin

Central Applications Office, Tower House, Eglington Street, Galway

Department of Education, Marlborough Street, Dublin 1

Goethe-Institut, 37 Merrion Square, Dublin 2

Higher Education Authority, 21 Fitzwilliam Square, Dublin 2

Irish Council for Overseas Students, 41 Morehampton Road, Dublin 4

National Council for Education Awards, 26 Montjoy Square, Dublin 1

National Youth Council of Ireland, 3 Montague Street, Dublin 2

Union of Students in Ireland, 16 North Great George Street, Dublin 1

Italien

Zum Land: Die Repubblica Italiana umfaßt ein Gebiet von über 300 000 km². Knapp 57 Millionen der überwiegend römisch-katholischen Einwohner leben auf der Halbinsel und den zum Staatsgebiet gehörenden Inseln. Sie sprechen die Amtssprache Italienisch, in Bozen außerdem Deutsch, im Aostatal Französisch. Währungseinheit ist die Lira. Industrie und Dienstleistung mit dem wichtigen Sektor Tourismus bestimmen die wirtschaftliche Struktur Italiens, in der Landwirtschaft arbeiten weniger als acht Prozent der Erwerbstätigen. Dennoch ist das Land für seine Agrarprodukte bekannt. Als größtes Weinanbauland der Welt exportiert Italien Weine von Venezien bis Sizilien überwiegend in die Bundesrepublik Deutschland. Der Norden des Staatsgebiets erwirtschaftet einen überproportional hohen Anteil des Bruttoinlandsproduktes. Migrationsbewegungen von Süd nach Nord sind die Folge.

Hauptstadt und größte Stadt des Landes ist Rom mit knapp drei Millionen Einwohnern, es folgen Mailand mit knapp 1,5 und Neapel mit rund 1,2 Millionen Einwohnern. In Bologna befindet sich Europas älteste Universität. Sie wurde 1119 gegründet.

Das Studium von nichtitalienischen Studierenden an allen italienischen Universitäten wird direkt und indirekt unterstützt: beispielsweise mit Befreiung von den Einschreibegebühren oder mit Sport- und Kulturangeboten. Wohnheimplätze sind vorhanden. An die Universitäten sind Mensen angeschlossen, spezielle Krankenversicherungen für Studierende werden angeboten. Teilzeitarbeit ist gestattet, jedoch sind Jobs nur schwer zu ergattern.

Allgemeine Informationen/Fremdenverkehrsverein:
Staatliches Italienisches Fremdenverkehrsamt ENIT, Kaiserstraße 65, 60329 Frankfurt/Main

Studieren in Italien: Den Studienaufenthalt von Bundesdeutschen regelt das zuständige Bildungsministerium gemeinsam mit dem Außenministerium. Der Studierende sollte sein zuständiges italienisches Konsulat ansprechen und sich die aktuellen Informationen und Termine des kommenden akademischen Jahres für seinen Aufenthalt an italienischen Universitäten nennen lassen.
Geforderte Voraussetzungen sind unter anderem die deutsche Staatsbürgerschaft und die Hochschulbefähigung Deutschlands oder eines anderen Mitgliedsstaats der Europäischen Union. Es gelten dieselben Anforderungen wie für italienische Staatsbürger. Wie in vielen anderen Ländern bestehen auch in Italien Zulassungsbeschränkungen für einzelne Fächer wie Medizin, Zahnmedizin und internationale Studiengänge – und in Gänze für bestimmte Universitäten, beispielsweise die Università della Calabria oder Rom II. An vielen Instituten und Universitäten gibt es aber Quoten für nichtitalienische Studierende. Zusätzlich zu den Sprachkursen müssen in manchen Fällen schriftliche oder mündliche Aufnahmeprüfungen abgelegt werden. Wer sich an einer italienischen Uni-

versität einschreibt, kann sich nach Abschluß die belegten Kurse und abgelegten Examina bescheinigen lassen. Sprachprüfungen mit mündlichen und schriftlichen Teilen werden von den Universitäten vor Beginn des akademischen Jahres, häufig Anfang September, angeboten. Zwei Universitäten haben Angebote speziell für nichtitalienische Studierende: Perugia und Siena.

Das Hochschulsystem: Das italienische Hochschulsystem gliedert sich in staatliche, technische, nichtstaatliche Universitäten und solche für ausländische Studierende in Perugia und Siena. An den technischen Hochschulen werden unter anderem Ingenieurwissenschaften angeboten. Das akademische Jahr dauert von November bis Oktober. In den naturwissenschaftlichen Bereichen finden sich auch semesterweise Einteilungen. Das Studium findet auf drei Ebenen statt. Die erste dauert zwei bis drei Jahre und endet mit dem Erwerb des *Diploma Universitario*. Die zweite dauert vier bis fünf Jahre und endet mit den *Corsi di Laurea*, die zum Erwerb des Titels *Dottore* bzw. *Dottoressa* abschließen. Als dritte gibt es weiterführende und weiterqualifizierende Studienangebote.

Kosten und Förderungen: Außer dem Deutschen Akademischen Austauschdienst vergibt auch der italienische Staat Stipendien an bundesdeutsche Studierende, die sich für eine Zeit an einer italienischen Universität einschreiben möchten. Darüber hinaus werden Forschungsstipendien vergeben. BAföG-Ansprechpartner ist das Bezirksamt Berlin-Charlottenburg, Amt für Ausbildungsförderung, Abt. Sozialwesen, Reichssportfeldstraße 22, 14055 Berlin.

Hochschulen/Institute: Neben den beiden Universitäten für ausländische Studierende in Perugia und Siena wird eine Auswahl der unterschiedlichen italienischen Hochschulen mit einem Überblick über ihr Fächerangebot vorgestellt. Über sämtliche Universitäten informieren Botschaften und Konsulate Italiens sowie der Deutsche Akademische Auslandsdienst.

Ancona – Università degli studi di Ancona
Fachrichtungen: u. a. Agrarwissenschaft, Ingenieurwissenschaften, Medizin, Naturwissenschaften, Physik, Wirtschaftswissenschaften.
Anschrift: Università degli studi di Ancona, Piazza Roma, 22, I–60122 Ancona

L'Aquila – Università degli studi dell'Aquila
Fachrichtungen: u. a. Biologie, Informatik, Ingenieurwissenschaften, Mathematik, Philologie/Sprachen, Physik, Wirtschaftswissenschaften.
Anschrift: Università degli studi dell'Aquila, Piazza Vincenzo Rivera, 1, I–67100 L'Aquila

Bari – Università degli studi di Bari
Fachrichtungen: u. a. Agrarwissenschaft, Jura, Mathematik, Medizin, Pharmazie, Philologie/Sprachen, Philosophie, Tiermedizin, Wirtschaftswissenschaften.
Anschrift: Università degli studi di Bari, Piazza Umberto I, I–70121 Bari

Bari – Politecnico di Bari
Fachrichtungen: u. a. Architektur, Ingenieurwissenschaften.
Anschrift: Politecnico di Bari, Via Celso Ulpiani, 11, I–70125 Bari

Bergamo – Università degli studi di Bergamo
Fachrichtungen: u. a. Agrarwissenschaft, Geografie, Philologie/Sprachen, Wirtschaftswissenschaften.
Anschrift: Università degli studi di Bergamo, Via Salvecchio, 19, I–24129 Bergamo

Bologna – Università degli studi di Bologna
Fachrichtungen: u. a. Agrarwissenschaft, Chemie, Informatik, Ingenieurwissenschaften, Jura, Mathematik, Medizin, Naturwissenschaften, Pharmazie, Philologie/Sprachen, Philosophie, Physik, Psychologie, Tiermedizin, Wirtschaftswissenschaften.
Anschrift: Università degli studi di Bologna, Via Zamboni, 33, I–40126 Bologna

Brescia – Università degli studi di Brescia
Fachrichtungen: u. a. Ingenieurwissenschaften, Medizin, Wirtschaftswissenschaften.
Anschrift: Università degli studi di Brescia, Piazza Mercato, 15, I–25121 Brescia

Cagliari – Università degli studi di Cagliari
Fachrichtungen: u. a. Jura, Medizin, Pharmazie, Philologie/Sprache, Philosophie, Physik, Politikwissenschaft, Wirtschaftswissenschaften.
Anschrift: Università degli studi di Cagliari, Via Università, 40, I–09124 Cagliari

Camerino – Università degli studi di Camerino
Fachrichtungen: u. a. Architektur, Jura, Mathematik, Medizin, Naturwissenschaften, Pharmazie, Physik.
Anschrift: Università degli studi di Camerino, Via del Bastione, 3, I–62032 Camerino

Campobasso – Università degli studi di Molise
Fachrichtungen: u. a. Agrarwissenschaft, Jura, Mathematik, Naturwissenschaften, Physik, Wirtschaftswissenschaften.
Anschrift: Università degli studi di Molise, Via Mazzini, 8, I–86100 Campobasso

Cassino – Università degli studi di Cassino
Fachrichtungen: u. a. Ingenieurwissenschaften, Philologie/Sprachen, Sozialwissenschaften, Wirtschaftswissenschaften.
Anschrift: Università degli studi di Cassino, Via G. Marconi, 10, I–03043 Cassino

Catania – Università degli studi di Catania
Fachrichtungen: u. a. Agrarwissenschaft, Jura, Medizin, Mathematik, Pharmazie, Philologie/Sprachen, Philosophie, Physik, Wirtschaftswissenschaften.
Anschrift: Università degli studi di Catania, Piazza dell'Università 2, I–95124 Catania

Chieti – Università degli studi Gabriele D'Annunzio di Chieti
Fachrichtungen: u. a. Architektur, Mathematik, Medizin, Naturwissenschaften, Pharmazie, Philologie/Sprachen, Physik, Politikwissenschaft, Wirtschaftswissenschaften.

Anschrift: Università degli studi Gabriele D'Annunzio di Chieti, Colle dell'Ara, Via dei Vestini, I–66013 Chieti

Cosenza – Università degli studi della Calabria
Fachrichtungen: u. a. Ingenieurwissenschaften, Mathematik, Pharmazie, Philologie/Sprachen, Philosophie, Physik, Wirtschaftswissenschaften.
Anschrift: Università degli studi della Calabria, Via Brodolini, I–87036 Roges di Rende

Ferrara – Università degli studi di Ferrara
Fachrichtungen: u. a. Architektur, Chemie, Jura, Mathematik, Medizin, Naturwissenschaften, Pharmazie, Philologie/Sprachen, Physik.
Anschrift: Università degli studi di Ferrara, Via Savonarola, 9, I–44100 Ferrara

Florenz – Università degli studi di Firenze
Fachrichtungen: u. a. Agrarwissenschaft, Architektur, Jura, Mathematik, Medizin, Naturwissenschaften, Pharmazie, Philologie/Sprachen, Physik, Politikwissenschaft, Wirtschaftswissenschaften.
Anschrift: Università degli studi di Firenze, Piazza S. Marco, 4, I–50121 Firenze

Genua – Università degli studi di Genova
Fachrichtungen: u. a. Architektur, Chemie, Informatik, Ingenieurwissenschaften, Jura, Mathematik, Medizin, Pharmazie, Philologie/Sprachen, Politikwissenschaft, Wirtschaftswissenschaft.
Anschrift: Università degli studi di Genova, Via Balbi, 5, I-16126 Genova

Lecce – Università degli studi di Lecce
Fachrichtungen: u. a. Ingenieurwissenschaften, Naturwissenschaften, Philologie/Sprachen, Philosophie, Physik, Wirtschaftswissenschaften.
Anschrift: Università degli studi di Lecce, Viale Gallipoli, 49, I–73100 Lecce

Macerata – Università degli studi di Macerata
Fachrichtungen: u. a. Jura, Philologie/Sprachen, Philosophie, Politikwissenschaften.
Anschrift: Università degli studi di Macerata, Piaggia Università, 2, I–62100 Macerata

Messina – Università degli studi di Messina
Fachrichtungen: u. a. Chemie, Ingenieurwissenschaften, Jura, Mathematik, Medizin, Pharmazie, Philologie/Sprachen, Physik, Politikwissenschaft, Wirtschaftswissenschaft.
Anschrift: Università degli studi di Messina, Piazza S. Pugliatti, 1, I–98100 Messina

Mailand – Politecnico di Milano
Fachrichtungen: u. a. Architektur, Ingenieurwissenschaften.
Anschrift: Politecnico di Milano, Piazza Leonardo da Vinci, 32, I–20133 Milano

Mailand – Università Bocconi Milano
Fachrichtungen: u. a. Verwaltungswissenschaft, Wirtschaftswissenschaften.
Anschrift: Università Bocconi Milano, Via Scarfatti, 25, I–20136 Milano

Mailand – Università Cattolica del Sacro Cuore di Milano
Fachrichtungen: u. a. Agrarwissenschaft, Jura, Mathematik, Medizin, Philologie/Sprachen, Philosophie, Politikwissenschaft, Wirtschaftswissenschaften, Zahnmedizin.
Anschrift: Università Cattolica del Sacro Cuore di Milano, Largo Gemelli, 1, I–20123 Milano

Mailand – Università degli studi di Milano
Fachrichtungen: u. a. Agrarwissenschaft, Chemie, Jura, Mathematik, Medizin, Philologie/Sprachen, Philosophie, Physik, Politikwissenschaft, Tiermedizin, Wirtschaftswissenschaften, Zahnmedizin.
Anschrift: Università degli studi di Milano, Via Festa del Perdono, 7, I–20122 Milano

Modena – Università degli studi di Modena
Fachrichtungen: u. a. Ingenieurwissenschaften, Jura, Mathematik, Medizin, Naturwissenschaften, Pharmazie, Physik, Wirtschaftswissenschaften.
Anschrift: Università degli studi di Modena, Via Università, 4, I-41100 Modena

Neapel – Istituto Universitario Navale di Napoli
Fachrichtungen: u. a. Nautische Wissenschaften, Wirtschaftswissenschaften.
Anschrift: Istituto Universitario Navale di Napoli, Via Acton, 38, I–80133 Napoli

Neapel – Istituto Universitario Pareggiato di Magistero ›Suor Oorla Benincasa‹ di Napoli
Fachrichtungen: u. a. Kulturwissenschaften, Philologie/Sprachen.

Anschrift: Istituto Universitario Pareggiato di Magistero, Corso Vittorio Emanuele, 292, I–80135 Napoli

Neapel – Università degli studi »Federico II« di Napoli
Fachrichtungen: u. a. Agrarwissenschaft, Architektur, Ingenieurwissenschaften, Jura, Mathematik, Medizin, Naturwissenschaften, Philologie/Sprachen, Philosophie, Physik, Politikwissenschaften, Soziologie, Tiermedizin, Wirtschaftswissenschaften, Zahnmedizin.
Anschrift: Università degli studi Federico II di Napoli, Corso Umberto I, I–80138 Napoli

Neapel – Seconda Università degli studi di Napoli
Fachrichtungen: u. a. Architektur, Ingenieurwissenschaften, Jura, Mathematik, Medizin, Naturwissenschaften, Philologie/Sprachen, Philosophie, Physik, Wirtschaftswissenschaften.
Anschrift: Seconda Università degli studi di Napoli, Via Santa Maria di Constantinopoli, 104, I–80138 Napoli

Padova – Università degli studi di Padova
Fachrichtungen: u. a. Agrarwissenschaft, Ingenieurwissenschaft, Jura, Medizin, Philologie/Sprachen, Philosophie, Physik, Politikwissenschaft, Tiermedizin, Wirtschaftswissenschaften.
Anschrift: Università degli studi di Padova, Via VIII Febbraio, 2, I–35122 Padova

Palermo – Università degli studi di Palermo
Fachrichtungen: u. a. Agrarwissenschaft, Architektur, Biologie, Geologie, Ingenieurwissenschaften, Jura, Mathematik, Medizin, Pharmazie, Philologie/Spra-

chen, Physik, Politikwissenschaft, Wirtschaftswissenschaften, Zahnmedizin.
Anschrift: Università degli studi di Palermo, Piazza della Marina, 61, I–90100 Palermo

Parma – Università degli studi di Parma
Fachrichtungen: u. a. Agrarwissenschaft, Ingenieurwissenschaften, Jura, Medizin, Pharmazie, Philologie/Sprachen, Tiermedizin, Wirtschaftswissenschaften, Zahnmedizin.
Anschrift: Università degli studi di Parma, Via Cavestro, 7, I–43100 Parma

Pavia – Università degli studi di Pavia
Fachrichtungen: u. a. Ingenieurwissenschaften, Mathematik, Medizin, Musikwissenschaften, Pharmazie, Philologie/Sprachen, Physik, Politikwissenschaft, Wirtschaftswissenschaft, Zahnmedizin.
Anschrift: Università degli studi di Pavia, Strada Nuova, 65, I–27100 Pavia

Perugia – Università degli studi di Perugia
Fachrichtungen: u. a. Agrarwissenschaft, Ingenieurwissenschaften, Jura, Mathematik, Medizin, Pharmazie, Philologie/Sprachen, Physik, Politikwissenschaft, Tiermedizin, Wirtschaftswissenschaften, Zahnmedizin.
Anschrift: Università degli studi di Perugia, Piazza Università, 1, I–06100 Perugia

Perugia – Università per stranieri di Perugia
Fachrichtungen: Philologie/Sprachen.
Anschrift: Università per stranieri di Perugia, Palazzo Gallenga, Piazza ortebraccio, 4, I–06100 Perugia

Pisa – Università degli studi di Pisa
Fachrichtungen: u. a. Agrarwissenschaft, Ingenieurwissenschaften, Jura, Mathematik, Medizin, Philologie/Sprachen, Philosophie, Physik, Politikwissenschaft, Tiermedizin, Wirtschaftswissenschaften, Zahnmedizin.
Anschrift: Università degli studi di Pisa, Lungaro Pacinotti, I–56100 Pisa

Potenza – Università degli studi della Basilicata
Fachrichtungen: u. a. Agrarwissenschaft, Ingenieurwissenschaften, Mathematik, Naturwissenschaften, Philologie/Sprachen, Philosophie, Physik.
Anschrift:Università degli studi della Basilicata, Via Nazario Sauro, 85, I–85100 Potenza

Reggio Calabria – Università degli studi di Reggio Calabria
Fachrichtungen: u. a. Agrarwissenschaft, Architektur, Ingenieurwissenschaften, Jura, Medizin, Pharmazie.
Anschrift: Università degli studi di Reggio Calabria, Via Zecca, 4, I–89125 Reggio Calabria

Rom – Libero Istituto Universitario Campus Bio-medico
Fachrichtung: u. a. Medizin.
Anschrift: Libero Istituto Universitario Campus Biomedico, Palazzo Lancellotti, Via Lancellotti, 18, I–00186 Roma

Rom – Terza Università degli studi di Roma
Fachrichtungen: u. a. Architektur, Ingenieurwissenschaften, Mathematik, Naturwissenschaften, Philolo-

gie/Sprachen, Philosophie, Physik, Wirtschaftswissenschaften.
Anschrift: Terza Università degli studi di Roma, Via Ostiense, 159, I–00146 Roma

Rom – Università degli studi di Roma ›La Sapienza‹
Fachrichtungen: u. a. Architektur, Ingenieurwissenschaften, Jura, Mathematik, Medizin, Pharmazie, Philologie/Sprachen, Physik, Psychologie, Soziologie, Wirtschaftswissenschaften.
Anschrift: Università degli studi di Roma ›La Sapienza‹, Piazzale A. Moro, 5, I–00185 Roma

Rom – Università degli studi di Roma ›Tor Vergata‹
Fachrichtungen: u. a. Ingenieurwissenschaften, Jura, Mathematik, Medizin, Philologie/Sprachen, Physik, Wirtschaftswissenschaften, Zahnmedizin.
Anschrift: Università degli studi di Roma ›Tor Vergata‹, Via Orazio Raimondo, 8, I–00173 Roma

Salerno – Università degli studi di Salerno
Fachrichtungen: u. a. Ingenieurwissenschaften, Jura, Mathematik, Naturwissenschaften, Pharmazie, Philologie/Sprachen, Philosophie, Politikwissenschaft, Wirtschaftswissenschaften.
Anschrift: Università degli studi di Salerno, Via Valle dell'Irno, I–84084 Fisciano/Salerno

Sassari – Università degli studi di Sassari
Fachrichtungen: u. a. Agrarwissenschaft, Jura, Medizin, Naturwissenschaften, Pharmazie, Philologie/Sprachen, Philosophie, Physik, Politikwissenschaft, Wirtschaftswissenschaften.

Anschrift: Università degli studi di Sassari, Piazza Università, I–07100 Sassari

Siena – Università degli studi di Siena
Fachrichtungen: u. a. Jura, Mathematik, Medizin, Naturwissenschaften, Pharmazie, Philologie/Sprachen, Wirtschaftswissenschaften, Zahnmedizin.
Anschrift: Università degli studi di Siena, Via Bianci di Sotto, 55, I-53100 Siena

Siena – Università per stranieri di Siena
Fachrichtungen: Kulturwissenschaften, Philologie/Sprache.
Anschrift: Università per stranieri di Siena, Via dei Termini, 6, I–53100 Siena

Teramo – Università degli studi di Teramo
Fachrichtungen: u. a. Jura, Medizin, Politikwissenschaften.
Anschrift: Università degli studi di Teramo, Viale Crucioli, 120, I–64100 Teramo

Triest – Università degli studi di Trieste
Fachrichtungen: u. a. Ingenieurwissenschaften, Jura, Mathematik, Medizin, Pharmazie, Philologie/Sprachen, Philosophie, Politikwissenschaft, Wirtschaftswissenschaften, Zahnmedizin.
Anschrift: Università degli studi di Trieste, Piazzale Europa, 1, I–34127 Trieste

Turin – Politecnico di Torino
Fachrichtungen: u. a. Architektur, Ingenieurwissenschaften.

Anschrift: Politecnico di Torino, Corso Duca degli Abruzzi, 24, I–10129 Torino

Turin – Università degli studi di Torino
Fachrichtungen: u. a. Agrarwissenschaft, Chemie, Informatik, Jura, Mathematik, Medizin, Pharmazie, Philologie/Sprachen, Philosophie, Physik, Politikwissenschaft, Verwaltungswissenschaften, Wirtschaftswissenschaften, Zahnmedizin.
Anschrift: Università degli studi di Torino, Via Verdi, 8, I–10124 Torino

Udine – Università degli studi di Udine
Fachrichtungen: u. a. Biologie, Biotechnologie, Chemie, Gesundheitswesen, Informatik, Naturwissenschaften, Philologie/Sprachen, Wirtschaftswissenschaften.
Anschrift: Università di Udine, Via Antonini, 8, I–33100 Udine

Urbino – Università degli studi di Urbino
Fachrichtungen: u. a. Jura, Mathematik, Naturwissenschaften, Pharmazie, Philologie/Sprachen, Philosophie, Politikwissenschaft, Soziologie, Wirtschaftswissenschaften.
Anschrift: Università degli studi di Urbino, Via Saffi, 2, I–61029 Urbino

Venedig – Instituto Universitario di Architettura di Venezia
Fachrichtung: u. a. Architektur.
Anschrift: Instituto Universitario di Architettura di Venezia, S. Croce/Campazzo dei Tolentini, 191, I–30135 Venezia

Venedig – Università degli studi di Venezia
Fachrichtungen: u. a. Informatik, Mathematik, Philologie/Sprachen, Philosophie, Wirtschaftswissenschaften.
Anschrift: Università degli studi di Venezia, Ca'Forcari, Dorsoduro, 3246, I–30100 Venezia

Verona – Università degli studi di Verona
Fachrichtungen: u. a. Mathematik, Medizin, Philologie/Sprachen, Philosophie, Physik, Wirtschaftswissenschaften.
Anschrift: Università degli studi di Verona, Via dell'Artigiere, 8, I–37129 Verona

Viterbo – Università degli studi della Tuscia
Fachrichtungen: u. a. Agrarwissenschaft, Kulturwissenschaften, Mathematik, Naturwissenschaften, Philologie/Sprachen, Philosophie, Physik, Wirtschaftswissenschaften.
Anschrift: Università degli studi della Tuscia, Via San Giovanni Decollato, 1, I–01100 Viterbo

Hochschulen/Institute: Eine vollständige Liste aller Hochschulen und Institute verschickt die Italienische Botschaft. Der Deutsche Akademische Austauschdienst, Kennedyallee 50, 53175 Bonn, sowie die Konsulate der Republik Italien informieren über Studiengänge und das Hochschulsystem.

Ansprechpartner:

Botschaft der Bundesrepublik Deutschland, Via Pò 25c, I–00198 Roma

Botschaft der Italienischen Republik, Karl-Finkeln-burg-Straße 51, 53173 Bonn

Goethe-Institut, Mailand, Via San Paolo, 10, I–20121 Milano

Goethe-Institut, Via Savoia, 15, I–00198 Roma

Instituto di Cultura Italo-Tedesco, Via Guidobono, 2–7, I–17100 Savona

Istituto per il Diritto allo Studio Universitario, Via Cesare de Lollis, 24b, I–00185 Roma

Ministerio degli Affari Esteri, Direzione Generale delle Relazioni Culturali con l'Estero, I–00153 Roma

Ministero dell'Università e della Ricerca scientifica e tecnologica, I–00196 Roma

National Academic Recognition Information Centre, CIMEA, Fondazione Rui, Viale Ventuno Aprile, 36, I–00162 Roma

Luxemburg

Zum Land: Als Bankenzentrum wurde das zweisprachige Luxemburg bekannt. Neben der Amtssprache Französisch sprechen seine rund 380 000 Einwohner das moselfränkische Letzeburgisch. Daneben hört man auch die deutsche Sprache. Das Land ist wirtschaftlich eng mit seinen Nachbarn verbunden. In den Tälern von Alzette und Petrusse liegt die Hauptstadt des Großherzogtums, in der rund 80 000 Menschen leben. Sie ist Finanzzentrum und Verkehrsmittelpunkt. Luxemburg ist eine Währungsunion mit Belgien eingegangen. Zahlungsmittel sind der luxemburger oder belgische Franc zu 100 Centimes. Das zweisprachige Schulsystem gliedert sich in Primar-, Ergänzungs- und Sekundarschulen. Neben der im folgenden genannten, 1969 gegründeten Universität gibt es drei weitere Hochschulinstitute, u. a. für Ingenieurwissenschaften und die Lehrerausbildung.

Allgemeine Informationen/Fremdenverkehrsverein: Luxemburgisches Verkehrsamt, Bismarckstraße 23–27, 41061 Mönchengladbach.

Luxembourg-Ville-Centre Universitaire de Luxembourg
Fachrichtungen: u. a. Jura, Sozialwissenschaften, Wirtschaftswissenschaften.

Anschrift: Centre Universitaire de Luxembourg, 162, av. de la Faïencerie, L-1511 Luxembourg

Ansprechpartner:

BAföG-Ansprechpartner ist das Amt für Ausbildungsförderung, Hannover, Röselerstraße 2, 30159 Hannover.

Botschaft des Großherzogtums Luxemburg, Adenauerallee 108, 53133 Bonn

Botschaft der Bundesrepublik Deutschland, 20–22, avenue Emile Reuter, L-2010 Luxembourg

Ministère de l'Éducation nationale, 29, rue Aldringen, L-2926 Luxembourg

Thomas-Mann-Bibliothek/Goethe-Institut, 26, Pl. de la Gare, L-1010 Luxembourg

Niederlande

Zum Land: Das Koningrijk der Nederlanden wurde zu großen Teilen dem Meer abgerungen. Der höchste Punkt des Staates mit seinen mehr als 15 Millionen Einwohnern liegt nur 322 m über dem Meeresspiegel. Landessprache ist das Niederländische, Währung der holländische Gulden. Regierungssitz ist Den Haag, Hauptstadt Amsterdam mit rund einer Million Einwohnern. In der Stadt an der Amstel mit ihren vielen Grachten sind neben den Museen die Akademien der Wissenschaft und der Künste bemerkenswert. Weitere urbane Zentren sind Rotterdam mit ca. 600 000 und der Raum Utrecht mit über einer halben Million Einwohnern. Bekannt sind die Niederlande vor allem für ihre Agrarindustrie.

Bundesdeutsche Studierende, die für längere Zeit in Holland leben wollen, müssen bei der Ausländerbehörde oder der lokalen Polizei eine Aufenthaltsgenehmigung beantragen. Personalausweis, die Immatrikulationsbescheinigung einer niederländischen Universität oder Hochschule, ein Krankenversicherungsnachweis sowie Angaben zur Finanzierung des Studiums müssen vorgelegt werden. Die Wohnungssuche in den Niederlanden ist nicht immer einfach, da es nur selten Wohnheime für Studierende gibt.

Der Foreign Student Service informiert mit einem »Monthly Bulletin« ausländische Studierende in den Niederlanden, die Netherlands Organisation for International Cooperation in Higher Education gibt einen Newsletter heraus.

Allgemeine Informationen/Fremdenverkehrsverein: Niederländisches Büro für Tourismus, Laurenzplatz 1–3, 50667 Köln

Studieren in den Niederlanden: Das bundesdeutsche Abitur wird in der Regel in den Niederlanden als Zeugnis der Allgemeinen Hochschulreife anerkannt. Für die Prüfungszulassung wird jedoch ein bestimmter Fächerkanon verlangt, beispielsweise für das Fach Theologie die klassischen Sprachen. Fehlende Nachweise können durch Prüfungen abgedeckt werden. Über eine Anrechnung von Studien- und Prüfungsleistungen von Studierenden, die bereits an einer bundesdeutschen Hochschule einige Semester absolviert haben, wird nach den Regeln des Äquivalenzabkommens der EU entschieden. Die bundesdeutsche Fachhochschulreife erlaubt den Zugang zu den berufsbildenden Hochschulen, den *hogescholen.* Für Studierende nach einem ersten Abschluß werden internationale Studien, Kurse und Veranstaltungen in englischer Sprache angeboten.

An den *universiteiten* und *hogescholen* sind die Studienplätze knapp. Nach einem Vergabeverfahren für die niederländischen Universitäten werden die Plätze zentral von der CBAP (Centraal Bureau Aanmelding en Plaatsing) in Groningen vergeben. Quoten und die Bedürfnisse des Arbeitsmarktes steuern die Quotenmenge. Studienanfänger aus der Bundesrepublik, die sich in den Niederlanden einschreiben wollen, sollten sich rechtzeitig bei der CBAP, Postbus 888,

NL-9700 AW Groningen, mit Bildungsnachweis und Zeugnissen, einem Lebenslauf sowie einem Staatsbürgernachweis bewerben. Die *hogescholen* haben unterschiedliche Aufnahmekriterien. Wer sich in Deutschland für eine Studienphase in den Niederlanden interessiert, sollte sich in jedem Fall bei der jeweiligen Hochschule über Zulassungsbedingungen und Lehrinhalte informieren.

Niederländisch ist die Lehrsprache, nur in Ausnahmen finden Veranstaltungen in englischer Sprache statt. Deshalb sind gute Kenntnisse der Landessprache eine selbstverständliche Voraussetzung. Die meisten Hochschulen bieten für ausländische Studierende, die an niederländischen Universitäten hören wollen, vorbereitende Kurse an. Außerdem finden Sommer-Sprachkurse an Hochschulen in Holland statt; der Deutsche Akademische Auslandsdienst informiert über das Angebot in einer Broschüre.

Das Hochschulsystem: Von den 13 Universitäten des Landes wurde die älteste in Leiden bereits 1575, die jüngste erst in den 70er Jahren in Limburg gegründet. Daneben gibt es eine umfangreiche Reihe von *hogescholen* für das berufsbildende Studium. Sie bieten teilweise nur eine Fachrichtung, häufig jedoch ein ausgeprägtes Repertoire an: Agrarwissenschaften, Erziehungswissenschaften, Gesundheitswesen, Kunst, Sozialwissenschaften, Technik sowie Wirtschafts- und Verwaltungswissenschaften gehören dazu. Normalerweise ist das Studium an diesen Instituten durch Praxisnähe geprägt.

Das Studienjahr beginnt im September und umfaßt 42 Studienwochen, eine Semestereinteilung wird nicht vorgenommen. Die Studiendauer wird nicht in Jahren, sondern in Punkten gemessen. Eine Woche Vollzeitstudium ist ein Punkt, pro Jahr kann man folglich 42 Studienpunkte erhalten. 168 Punkte braucht man in der Regel, um ein Studium zu absolvieren. Allerdings gibt es eine Reihe von Ausnahmen, zu denen u. a. Zahnmedizin, Medizin und Pharmazie gehören. Für diese benötigt der Studierende teilweise bis zu über 250 Studienpunkte. Nach dem häufig berufsqualifizierenden Examen kann man den Titel *doctorandus* führen, als Ingenieur den Grad *ingenieur*. Weiterführende Studien und eine Promotion können anschließen.

Das Studium an den *hogescholen* dauert zumeist vier Jahre bzw. 168 Punkte. Nach einer allgemeinen und spezialisierenden Phase ist das dritte Studienjahr ein Praktikumsjahr. Das Studium wird mit dem Titel *baccalaureus* oder *ingenieur* erfolgreich beendet. Nach dem Abschluß ist ein Promotionsvorhaben an einer Universität möglich.

Kosten und Förderungen: Es werden Studiengebühren erhoben, die auch für Bundesdeutsche anfallen. Die Gebühren werden für Studierende bis zur Vollendung des 27. Lebensjahres auf Antrag zurückerstattet. Bei den jeweiligen Hochschulen kann man sich nach den Modalitäten erkundigen. Der Deutsche Akademische Austauschdienst und die niederländische Regierung stellen eine Reihe von Stipendien für bundesdeutsche Studierende in den Niederlanden zur Verfügung. BAföG-Ansprechpartner ist das Amt für Ausbildungsförderung, Hannover, Röselerstraße 2, 30159 Hannover.

Hochschulen/Institute: Neben den aufgeführten Universitäten und Hochschulen gibt es weitere berufsbildende Hochschulen, Kunst- und Musikhochschulen sowie andere universitäre Institutionen nebst einer *Open Universiteit* in Heerlen. Viele Universitäten und Hochschulen bieten Studiengänge für das differenziert gelehrte Gesundheitswesen an – von anthroposophisch orientierter Gesundheitsfürsorge in Leiden bis zur Krankenpflege in Zwolle.

Alkmaar – Hogeschool Alkmaar
Fachrichtungen: u. a. Elektrotechnik, Ingenieurwissenschaften, Maschinenbau, Sprachen, Verwaltungswissenschaft, Wirtschaftswissenschaften.
Anschrift: Hogeschool Alkmaar, Kennemerstraatweg 23, Postbus 403, NL-1800 AK Alkmaar

Amsterdam – Hogeschool voor de Kunsten
Fachrichtung: Kunst.
Anschrift: Hogeschool voor de Kunsten, Postbus 15079, NL-1001 MB Amsterdam

Amsterdam – Hogeschool van Amsterdam
Fachrichtungen: u. a. Architektur, Informatik, Ingenieurwissenschaften, Technologie, Wirtschaftswissenschaften.
Anschrift: Hogeschool van Amsterdam, Centraal Instituut, Postbus 931, NL-1000 AX Amsterdam

Amsterdam – Universiteit van Amsterdam
Fachrichtungen: u. a. Geografie, Informatik, Jura, Mathematik, Medizin, Naturwissenschaften, Philologie/

Sprachen, Philosophie, Psychologie, Soziologie, Theologie, Wirtschaftswissenschaften, Zahnmedizin.
Anschrift: Universiteit van Amsterdam, Postbus 19268, NL-1000 GG Amsterdam

Amsterdam – Vrije Universiteit te Amsterdam
Fachrichtungen: u. a. Informatik, Jura, Mathematik, Medizin, Naturwissenschaften, Philologie/Sprachen, Philosophie, Theologie, Wirtschaftswissenschaften, Zahnmedizin.
Anschrift: Vrije Universiteit te Amsterdam, Bureau Studentendecanden, De Boelelaan 1105, NL-1081 HV Amsterdam

Arnhem – Hogeschool Gelderland
Fachrichtungen: u. a. Architektur, Informatik, Ingenieurwissenschaften, Maschinenbau, Technologie.
Anschrift: Hogeschool Gelderland, Centraal Instituut, Bothaplein 1, NL-6814 AJ Arnhem

Breda – Hogeschool West-Brabant
Fachrichtungen: Wirtschafts- und Verwaltungswissenschaften.
Anschrift: Hogeschool West-Brabant, Postbus 90116, NL-4800 RA Breda

Delft – Technische Universiteit Delft
Fachrichtungen: u. a. Architektur, Chemie, Elektrotechnik, Informatik, Ingenieurwissenschaften, Physik.
Anschrift: Technische Universiteit Delft, Postbus 5, NL-2600 AA Delft

Den Haag – Haagse Hogeschool
Fachrichtungen: u. a. Architektur, Informatik, Ingenieurwissenschaften, Maschinenbau, Technologie, Wirtschaftswissenschaften.
Anschrift: Haagse Hogeschool, Centraal Instituut, Postbus 13336, NL-2501 EH Den Haag

Deventer – Rijkshogeschool Ijsselland
Fachrichtungen: u. a. Ingenieurwissenschaften, Technologie, Wirtschafts- und Verwaltungswissenschaften.
Anschrift: Rijkshogeschool Ijsselland, Centraal Instituut, Louis Pasteurstraat 10, Postbus 501, NL-7400 AM Deventer

Diemen – Hogeschool Holland
Fachrichtungen: Wirtschafts- und Verwaltungswissenschaften.
Anschrift: Hogeschool Holland, Centraal Instituut, Wildenborch, Postbus 261, NL-1110 AG Diemen

Eindhoven – Hogeschool Eindhoven
Fachrichtungen: u. a. Informatik, Maschinenbau, Physik, Technologie, Wirtschaftswissenschaften.
Anschrift: Hogeschool Eindhoven, Centraal Instituut, Rachelsmolen 1, Postbus 347, NL-5600 AH Eindhoven

Eindhoven – Technische Universiteit Eindhoven
Fachrichtungen: u. a. Architektur, Elektrotechnik, Informatik, Ingenieurwissenschaften, Physik, Technologie.
Anschrift: Technische Universiteit Eindhoven, Bureau Studentendecanen, Postbus 513, NL-5600 MB Eindhoven

Emmen – Hogeschool Drenthe
Fachrichtungen: u. a. Informatik, Maschinenbau, Technologie, Wirtschaftswissenschaften.
Anschrift: Hogeschool Drenthe, Centraal Instituut, Postbus 2080, NL-7801 CB Emmen

Enschede – Hogeschool Oostnederland
Fachrichtungen: u. a. Architektur, Informatik, Ingenieurwissenschaften, Maschinenbau, Technologie, Wirtschafts- und Verwaltungswissenschaft.
Anschrift: Hogeschool Oostnederland, Centraal Instituut, Postbus 1250, NL-7500 KB Enschede

Enschede – Universiteit Twente
Fachrichtungen: u. a. Chemie, Elektrotechnik, Informatik, Ingenieurwissenschaften, Mathematik, Physik, Technologie, Verwaltungswissenschaft.
Anschrift: Universiteit Twente, Postbus 217, NL-7500 AE Enschede

Groningen – Rijkshogeschool Groningen
Fachrichtungen: u. a. Architektur, Informatik, Ingenieurwissenschaften, Maschinenbau, Technologie.
Anschrift: Rijkshogeschool Groningen, Centraal Instituut, Postbus 30030, NL-9700 RM Groningen

Groningen – Rijksuniversiteit Groningen
Fachrichtungen: u. a. Geografie, Informatik, Jura, Mathematik, Medizin, Pharmazie, Philologie/Sprachen, Philosophie, Politikwissenschaft, Soziologie, Theologie, Wirtschaftswissenschaften, Zahnmedizin.
Anschrift: Rijksuniversiteit Groningen, Postbus 72, NL-9700 AB Groningen

Harlem – Hogeschool Haarlem
Fachrichtungen: u. a. Architektur, Ingenieurwissenschaften, Maschinenbau, Physik, Technologie, Wirtschafts- und Verwaltungswissenschaften.
Anschrift: Hogeschool Harlem, Centraal Instituut, Postbus 137, NL-2000 AC Harlem

Heerlen – Hogeschool Heerlen
Fachrichtungen: u. a. Architektur, Informatik, Ingenieurwissenschaften, Maschinenbau, Technologie.
Anschrift: Hogeschool Heerlen, Centraal Instituut, Valkenburgerweg 19, Postbus 550, NL-6400 AN Heerlen

Leiden – Rijksuniversiteit Leiden
Fachrichtungen: u. a. Informatik, Jura, Mathematik, Medizin, Naturwissenschaften, Philologie/Sprachen, Philosophie, Psychologie, Sozialwissenschaften, Theologie, Verwaltungswissenschaft.
Anschrift: Rijksuniversiteit Leiden, Postbus 9500, NL-2300 RR Leiden

Maastricht – Rijksuniversiteit Limburg
Fachrichtungen: u. a. Gesundheitswesen, Jura, Medizin, Psychologie, Wirtschaftswissenschaften.
Anschrift: Rijksuniversiteit Limburg, Bureau Studentendecanaat, Postbus 616, NL-6200 MD Maastricht

Nijmegen – Katholieke Universiteit Nijmegen
Fachrichtungen: u. a. Informatik, Jura, Mathematik, Medizin, Naturwissenschaften, Philologie/Sprachwissenschaften, Philosophie, Politikwissenschaften, Soziologie, Theologie, Zahnmedizin.

Anschrift: Katholieke Universiteit Nijmegen, Bureau Studentendecanen, Corneniuslaan 4, Postbus 9102, NL-6500 HC Nijmegen.

Rijswijk – Technische Hogeschool Rijswijk
Fachrichtungen: u. a. Maschinenbau, Physik, Technologie, Telekommunikation, Wirtschaftswissenschaften.
Anschrift: Technische Hogeschool Rijswijk, Lange Kleiweg 4, NL-2288 GK Rijswijk

Rotterdam – Erasmus Universiteit Rotterdam
Fachrichtungen: u. a. Geschichte, Gesundheitswesen, Informatik, Jura, Medizin, Mathematik, Philosophie, Soziologie, Wirtschaftswissenschaften.
Anschrift: Erasmus Universiteit Rotterdam, Postbus 1738, NL-3000 DR Rotterdam

Rotterdam – Hogeschool Rotterdam
Fachrichtungen: u. a. Architektur, Informatik, Ingenieurwissenschaften, Maschinenbau, Physik, Technologie, Wirtschaftswissenschaften.
Anschrift: Hogeschool Rotterdam, Centraal Instituut, Kreeftstraat, Postbus, NL-3001 HA Rotterdam

Rotterdam – Hogeschool voor Economische Studies Rotterdam
Fachrichtungen: u. a. Sprachen, Wirtschafts- und Verwaltungswissenschaften.
Anschrift: Hogeschool voor Economische Studies Rotterdam, Postbus 4030, NL-3006 AA Rotterdam

Tilburg – Hogeschool Midden-Brabant
Fachrichtungen: u. a. Architektur, Ingenieurwissenschaften, Maschinenbau.
Anschrift: Hogeschool Midden-Brabant, Centrale Lesplaats, P. Cobbenhagenlaan 13, Postbus 1097, NL-5004 BB Tilburg

Tilburg – Katholieke Universiteit Brabant
Fachrichtungen: u. a. Agrarwissenschaft, Biochemie, Geschichte, Jura, Mathematik, Philologie/Sprachen, Philosophie, Physik, Psychologie, Sozialwissenschaften, Soziologie, Theologie, Wirtschaftswissenschaften.
Anschrift: Katholieke Universiteit Brabant, Postbus 90153, NL-5000 LE Tilburg

Utrecht – Hogeschool
Fachrichtungen: u. a. Architektur, Biochemie, Informatik, Ingenieurwissenschaften, Jura, Maschinenbau, Sprachen, Technologie, Telekommunikation, Wirtschaftswissenschaften.
Anschrift: Hogeschool Utrecht, Centraal Instituut, Kaatsstraat 41, Postbus 573, NL-3500 AN Utrecht

Utrecht – Hogeschool voor Economie en Management
Fachrichtungen: Wirtschafts- und Verwaltungswissenschaften.
Anschrift: Hogeschool voor Economie en Management, Kaatstraat 1, Postbus 2188, NL-3500 GD Utrecht

Utrecht – Rijksuniversiteit Utrecht
Fachrichtungen: u. a. Architektur, Biochemie, Chemie, Geografie, Informatik, Jura, Kunst, Mathematik, Me-

dizin, Naturwissenschaften, Philologie/Sprachen, Philosophie, Physik, Psychologie, Sozial- und Politikwissenschaften, Theologie, Tiermedizin.
Anschrift: Rijksuniversiteit Utrecht, Heidelberglaan 8, Postbus, NL-3584 CS Utrecht

Venlo – Hogeschool Venlo
Fachrichtungen: u. a. Maschinenbau, Technologie, Wirtschaftswissenschaften.
Anschrift: Hogeschool Venlo, Centraal Instituut, Laaghuissingel 4, Postbus 141, NL-5900 AC Venlo

Vlissingen – Hogeschool Zeeland
Fachrichtungen: u. a. Architektur, Ingenieurwissenschaften, Maschinenbau, Technologie, Wirtschafts- und Verwaltungswissenschaften.
Anschrift: Hogeschool Zeeland, Edisonweg 4, NL-4382 NW Vlissingen

Wageningen – Hogeschool Diedenoort
Fachrichtung: Wirtschaftswissenschaften.
Anschrift: Hogeschool Diedenoort, Postbus 203, NL-6700 AE Wageningen

Wageningen – Landbouwuniversiteit Wageningen
Fachrichtungen: u. a. Agrarwissenschaft, Architektur, Biologie, Biotechnologie, Tiermedizin.
Anschrift: Landbouwuniversiteit Wageningen, Afdeling Studentenzaken, Postbus 9101, NL-6700 HB Wageningen

Zwolle – Christelijke Hogeschool Windesheim

Fachrichtungen: u. a. Architektur, Ingenieurwissenschaften, Maschinenbau, Technologie, Wirtschafts- und Verwaltungswissenschaften.

Anschrift: Christelijke Hogeschool Windesheim, Centraal Instituut, Postbus 10090, NL-8000 GB Zwolle

Eine vollständige Liste aller Hochschulen und Institute verschickt der Deutsche Akademische Austauschdienst, Kennedyallee 50, 53175 Bonn. Über alle *hogescholen,* die HBO-Hochschulen, informieren »Higher Education in the Netherlands«, herausgegeben vom Ministerium für Unterricht und Wissenschaft, Den Haag, sowie »Study in the Netherlands«, herausgegeben von der Netherlands Organisation for International Cooperation in Higher Education und anderen.

Ansprechpartner

Botschaft des Königreichs der Niederlande, Sträßchenweg 10, 53133 Bonn

Botschaft der Bundesrepublik Deutschland, Groot Hertoginnenlann 18–20, NL-2517 EG Den Haag

Foreign Student Service, Oranje Nassaulaan 5, NL-1075 AH Amsterdam

Goethe-Institut, Herengracht 470, NL-1017 CA Amsterdam

HBO-Raad – Association of Institutes of Professional Education, Informatiecentrum, Postbus 123, NL-2501 CC Den Haag

Ministerie van Onderwijs en Wetenschappen, Centrale Directie Voorlichting, Postbus 25000, NL-2700 LZ Zoetermeer

Netherlands Organisation for International Cooperation in Higher Education, Kortenaerkade 11, Postbus 29777, NL-2502 LT Den Haag

Vereniging van Samenwerkende Nederlandse Universiteiten, Postbus 19270, NL-3501 DG Utrecht

Norwegen

Zum Land: Im Kongeriket Norge, so der amtliche Name des nordischen Landes, mit seiner langen Fjordküste leben über vier Millionen Menschen. Neben dem sich über 13 Breitengrade und mehrere Klimazonen von Nord nach Süd erstreckenden Festland gehören Spitzbergen, die Bäreninsel, Jan Mayen sowie Regionen in der Antarktis dazu. Der Reichtum des Landes beruht auf Energie, Öl sowie Fischfang und -zucht. Die Amtssprache ist Norwegisch, Währung die norwegische Krone, die Bewohner sind mit Ausnahme einer samischen Minderheit Norweger.

Die Hauptstadt am tief ins Festland einschneidenden Oslofjord ist Oslo mit seinen rund 500 000 Einwohnern. An dem alten Bischofsitz gibt es viele Museen und den sehenswerten Frognerpark mit seiner Skulpturensammlung. Wahrzeichen Oslos ist das in der Mitte dieses Jahrhunderts errichtete Rathaus. Weitere größere Städte sind Trondheim mit rund 140 000 und Bergen mit 220 000 Einwohnern. Norwegen hat sich gegen den Beitritt zur EU entschieden. Dennoch kann sich ein Studienaufenthalt für Bundesbürger lohnen.

Von den norwegischen Konsulaten erfährt man alle Voraussetzungen für einen Studienaufenthalt im Königreich. Eine einjährige Aufenthaltsgenehmigung speziell für Studierende muß bereits in Deutschland beantragt werden, sie wird jährlich verlängert. Die

Verlängerung ist abhängig von den Studienleistungen, einem gültigen Reisepaß sowie einem Nachweis der finanziellen Absicherung.

Allgemeine Informationen/Fremdenverkehrsverein: Norwegisches Fremdenverkehrsamt, Mundsburger Damm 27, 22087 Hamburg

Studieren in Norwegen: Der bundesdeutsche Studierende sollte von der jeweiligen Universität prüfen lassen, welche seiner erworbenen Qualifikationen in Norwegen anerkannt werden. Nicht in jedem Fall werden die Leistungen als adäquat angesehen. Die jeweiligen Zertifikate können in deutscher Sprache eingereicht werden.

Jede Universität und jedes College hat spezifische Angebote und Ansprüche, so daß der bundesdeutsche Interessierte sich vor einem Studienaufenthalt in Norwegen bei der jeweiligen Institution informieren sollte. Einige Fächer wie Jura und Theologie sind landesspezifisch ausgerichtet, deshalb erhalten ausländische Studierende keinen Studienplatz für diese Fächer an einer norwegischen Universität. Für weitere müssen bestimmte Bedingungen erfüllt werden. In anderen Fächern wie Medizin und Zahnmedizin herrscht ein strenger Numerus clausus.

An allen Hochschulen wird in Norwegisch gelehrt, deshalb ist die Beherrschung der Landessprache auch mit ihren fachspezifischen Terminologien eine Voraussetzung für eine Studienphase in Norwegen. Einige wenige qualifizierende Sprachkurse werden unter anderen an den vier Universitäten von Bergen, Oslo, Trondheim und Tromsø angeboten. Das Telemark College, N-3800 Bø i Telemark, und das Møre and Romsdal College, N-6101 Volda, bieten ein einjähriges Kursangebot »Norwegische Sprache und Kultur« für ausländische Studierende. Wegen der überwiegend in Englisch vorhandenen Literatur ist gutes Englisch an den Universitäten eine weitere Voraussetzung. Der Test of English as a Foreign Language (TOEFL) oder der vergleichbare International English Language Test Service muß mit 500 Punkten für den erstgenannten, mit 5,0 für letzteren bestanden werden.

Wer sich auf einen Aufenthalt im Land vorbereiten will, kann dieses unter anderem während der Sommerkurse im Juli und August an den Universitäten von Bergen und Oslo tun. Es informieren: das Nordic Institute, University of Bergen, Summer Courses for Foreign Students, PO Box 23, N-5014 Bergen, und The International Summer School, University of Oslo, PO Box 1082 Blindern, N-0317 Oslo.

Das Hochschulsystem: Neben den vier Universitäten und sechs im Bildungsniveau vergleichbaren Colleges sowie 15 regionalen Colleges findet sich eine Anzahl weiterer Bildungsinstitutionen in Norwegen. Die großen Universitäten bieten das gesamte Spektrum von Architektur bis Zahnmedizin an. Die Studiendauer an den Universitäten beträgt in der Regel zwischen vier und sechs Jahre, an den regionalen Colleges mit ihrer Stoßrichtung auf den Arbeitsmarkt kann schon vorher ein qualifizierender Abschluß erworben werden. Das akademische Jahr beginnt im August. Es gliedert sich in zwei Semester von August bis Dezember und von Januar bis Juni. Das Studium ist recht flexibel gestaltbar, Vorlesungen und Seminare machen nur einen kleinen Teil der Studienzeit aus. Schriftliche und mündliche Examina prüfen den Fortschritt der Studierenden.

Erste akademische Grade sind der Høgskolekandidat nach Abschluß an einem Regionalcollege nach zwei bis drei Studienjahren und Candidatus/a magisterii nach rund vier Jahren an einer Universität oder an einem College. Bis hin zum Doktorgrad werden weitere Titel nach definierten Leistungskriterien vergeben.

Einige Angebote im Bereich Wirtschaft, Zahnmedizin und Meeresbiologie werden im Rahmen von Master's Programmes in englischer Sprache angeboten.

Kosten und Förderungen: Es wird nur ein geringer Semesterbeitrag für Soziales, medizinische Dienste und eine Reihe von Vergünstigungen erhoben. Die allgemeinen Lebenskosten sind für Bundesdeutsche allerdings recht hoch. Eine Teilzeitarbeit ist normalerweise nicht möglich, deshalb sollte die finanzielle Sicherung des Studiums vorab gewährleistet sein. Der Studentenverband stellt eine Reihe von Wohnheimplätzen zur Verfügung, diese reichen aber nicht für alle Interessenten aus. Bundesdeutsche, die ausschließlich studieren oder die an dem einjährigen Programm zu norwegischer Sprache und Kultur speziell für ausländische Studierende teilnehmen, erhalten normalerweise einen Wohnplatz. Die Verlängerung einer Wohnmöglichkeit ist von den nachgewiesenen Studienleistungen abhängig.

Der Deutsche Akademische Austauschdienst vergibt eine Reihe von Stipendien, die norwegische Regierung stellt zu denselben Bedingungen fünf weitere Stipendien für bundesdeutsche Studierende zur Verfügung. BAföG-Ansprechpartner ist das Amt für Ausbildungsförderung, Flensburg, Dr.-Todsen-Straße 2, 24937 Flensburg.

Hochschulen/Institute: Die Universitäten Norwegens, die diesen vergleichbaren Colleges sowie eine große Anzahl von regionalen Colleges werden mit einer Auswahl ihrer Angebote vorgestellt.

Alta – Finnmark College
Fachrichtungen: u. a. Informatik, Philologie/Sprachen, Philosophie, Theologie, Tourismus, Wasserwirtschaft, Wirtschaftswissenschaften.
Anschrift: Finnmark College, Follumsvei, N-9501 Alta

Ås – Agricultural University of Norway
Fachrichtungen: u. a. Agrar- und Wasserwissenschaften, Biologie, Geologie.
Anschrift: Agricultural University of Norway, PO Box 3, N-1432 Ås

Bergen – The Norwegian School of Economics and Business Administration
Fachrichtung: Wirtschaftswissenschaften.
Anschrift: The Norwegian School of Economics and Business Administration, Helleveien 30, N-5035 Bergen-Sandviken

Bergen – University of Bergen
Fachrichtungen: u. a. Archäologie, Biologie, Chemie, Geografie, Geologie, Geschichte, Gesundheitswesen,

Informatik, Journalismus, Kunstgeschichte, Mathematik, Medizin, Philologie/Sprachen, Philosophie, Physik, Psychologie, Sozialwissenschaften, Theologie, Wirtschaftswissenschaften, Zahnmedizin.
Anschrift: University of Bergen, Office for Foreign Students, PO Box 25 Universitetet, N-5020 Bergen

Kanebogen – Harstad College
Fachrichtungen: u. a. Gesundheitswesen, Informatik, Tourismus, Wirtschaftswissenschaften.
Anschrift: Harstad College, PO Box 2130, N-9405 Kanebogen

Lillehammer – Oppland College
Fachrichtungen: u. a. Geografie, Geschichte, Ingenieurwissenschaften, Journalismus, Sozialwissenschaften, Verwaltungswissenschaft, Wirtschaftswissenschaften.
Anschrift: Oppland College, PO Box 1004, Skurva, N-2601 Lillehammer

Mørkved – Nordland College
Fachrichtungen: u. a. Wasserwirtschaft, Biologie, Fischereiwesen, Geografie, Geschichte, Gesundheitswesen, Informatik, Journalismus, Mathematik, Philologie/Sprachen, Physik, Sozialwissenschaften, Verwaltungswissenschaft, Wirtschaftswissenschaften.
Anschrift: Nordland College, PO Box 6003, N-8016 Mørkved

Oslo – Norwegian College of Veterinary Medicine
Fachrichtung: Tiermedizin.
Anschrift: Norwegian College of Veterinary Medicine, PO Box 8146 Dep., N-0033 Oslo

Oslo – University of Oslo
Fachrichtungen: u. a. Archäologie, Biologie, Chemie, Fischereiwesen, Geografie, Geologie, Geschichte, Gesundheitswesen, Informatik, Kunstgeschichte, Mathematik, Medizin, Musik, Pharmazie, Philologie/Sprachen, Philosophie, Psychologie, Sozialwissenschaften, Theologie, Wasserwirtschaft, Wirtschaftswissenschaften, Zahnmedizin.
Anschrift: University of Oslo, International Education Services, PO Box 1081, Blindern, N-0317 Oslo

Rena – Hedmark College
Fachrichtungen: u. a. Agrarwissenschaft, Biologie, Gesundheitswesen, Informatik, Journalismus, Philologie/Sprachen, Wirtschaftswissenschaften.
Anschrift: Hedmark College, PO Box 104, N-2451 Rena

Sogndal – Sogn and Fjordane College
Fachrichtungen: u. a. Biologie, Chemie, Geografie, Geologie, Geschichte, Gesundheitswesen, Sozialwissenschaften, Tourismus, Wasserwirtschaft, Wirtschaftswissenschaften.
Anschrift: Sogn and Fjordane College, PO Box 39, N-5801 Sogndal

Stavanger – Rogaland College Center
Fachrichtungen: u. a. Geografie, Geschichte, Gesundheitswesen, Informatik, Journalismus, Mathematik, Philologie/Sprachen, Technologie, Wasserwirtschaft, Wirtschaftswissenschaften.
Anschrift: Rogaland College Center, PO Box 2557, Ullandhaug, N-4001 Stavanger

Steinkjer – Nord-Trøndelag College
Fachrichtungen: u. a. Agrarwissenschaft, Informatik, Sozialwissenschaften, Verwaltungswissenschaft, Wirtschaftswissenschaften.
Anschrift: Nord-Trøndelag College, PO Box 145, N-7701 Steinkjer

Tromsø – University of Tromsø
Fachrichtungen: u. a. Archäologie, Biologie, Chemie, Fischereiwesen, Geografie, Geologie, Geschichte, Kunstgeschichte, Mathematik, Medizin, Philologie/Sprachen, Philosophie, Physik, Sozialwissenschaften, Technologie, Theologie, Wirtschaftswissenschaften.
Anschrift: University of Tromsø, Foreign Students Adviser, Breivika, N-9001 Tromsø

Trondheim – College of Economics and Business Administration
Fachrichtungen: u. a. Gesundheitswesen, Informatik, Wirtschaftswissenschaften.
Anschrift: College of Economics and Business Administration, N-7005 Trondheim

Trondheim – University of Trondheim
Fachrichtungen: u. a. Architektur, Biologie, Chemie, Geografie, Geologie, Geschichte, Ingenieurwissenschaften, Journalismus, Kunstgeschichte, Mathematik, Medizin, Meereskunde, Musik, Philologie/Sprachen, Philosophie, Physik, Psychologie, Sozialwissenschaften, Theologie, Verwaltungswissenschaft.
Anschrift: University of Trondheim, College of Art and Science, Office for Foreign Students, N-7055 Dragvoll; mit: The Norwegian Institute of Technology, Student

and Academic Section, N-7034 Trondheim, und: Universität Trondheim, The Faculty of Medicine, Eirik Jarls Gate 10, N-7000 Trondheim

Volda – Møre and Romsdal College
Fachrichtungen: u. a. Geografie, Geschichte, Gesundheitswesen, Journalismus, Philologie/Sprachen, Philosophie, Theologie, Verwaltungswissenschaft, Wirtschaftswissenschaften.
Anschrift: Møre and Romsdal College, PO Box 188, N-6101 Volda

Über alle Hochschulen und Colleges des Königreichs sowie Musik- und Sporthochschulen informieren die Botschaft und die Konsulate Norwegens ebenso wie das National Academic Information Centre, International Education Services, University of Oslo, PO Box 1081 Blindern, N-0317 Oslo

Ansprechpartner

Botschaft des Königreichs Norwegen, Mittelstraße 43, 53175 Bonn
 Botschaft der Bundesrepublik Deutschland, Oscarsgate 45, N-0258 Oslo
 Goethe-Institut, Komediebakken 11, N-5010 Bergen
 Nordic Institut, University of Bergen, PO Box 23, N-5014 Bergen-University (Sommerkurse für ausländische Studierende)
 The International Summer School, University of Oslo, PO Box 1082 Bindern, N-0317 Oslo

Österreich

Zum Land: Die Republik Österreich mit der Amtssprache Deutsch ist stark landwirtschaftlich geprägt; seine Waldbestände gehören zu den größten Europas. Der Tourismus ist ein bedeutender wirtschaftlicher Faktor. In dem Bundesstaat leben auf rund 84 000 km^2 knapp acht Millionen Menschen. Währung ist der österreichische Schilling zu 100 Groschen. Die Hauptstadt ist Wien mit über anderthalb Millionen Einwohnern. Burgtheater, Staatsoper und zahlreiche weitere Theater sowie eine große Zahl von Museen sind Anziehungspunkte für viele Besucher. Die nächstgrößeren Städte sind Graz in der Steiermark mit 240 000 und Linz in Oberösterreich mit 204 000 Einwohnern.

Für die Einreise als bundesdeutscher Studierender genügt ein gültiger Paß, für einen längeren Studienaufenthalt muß man sich auf einem Polizeikommissariat der Gegend melden. Um einen Wohnheimplatz sollte man sich lange im voraus kümmern, da diese für ausländische Studierende recht begrenzt sind. Eine »Heimbroschüre für Studierende« über das Platzangebot kann zentral angefordert werden beim Zentralausschuß der Österreichischen Hochschülerschaft. Als an einer österreichischen Universität Immatrikulierter kann man sich freiwillig bei einer Gebietskrankenkasse versichern, über die Zuständigkeit informiert die Österreichische Hochschülerschaft ebenso wie über Vergünstigungen für Studierende.

Allgemeine Informationen/Fremdenverkehrsverein:
Österreich Werbung, Koordination Deutschland, Mannheimer Straße 15, 60329 Frankfurt/M.

Studieren in Österreich: Auch für Österreich gilt: Der bundesdeutsche Studierende sollte sich rechtzeitig bei der ihn interessierenden Hochschule kundig machen und sich über die jeweiligen Bestimmungen informieren. Nicht in jedem Fall werden bundesdeutsche Studienleistungen anerkannt, es können von den jeweiligen Hochschulen Zusatzprüfungen gefordert werden. Man sollte in allen Fällen langfristig von den gewünschten Hochschulen die Aufnahmeformalitäten erbitten, die Bewerbungen müssen zum 1. September bzw. 1. Februar für das Winter- bzw. das Sommersemester eingereicht werden. Dazu gehören auch beglaubigte Zeugnisse und der Nachweis, daß man in der Bundesrepublik zum in Österreich angestrebten Studium zugelassen ist. Der Hochschulrektor entscheidet über die Zulassung und über die ggf. abzulegenden Zusatzprüfungen. Für einen Studienabschluß in der Alpenrepublik benötigt man neben der Immatrikulation an einer österreichischen Hochschule unter anderem Eignungsnachweise, ein neues Gesundheitszeugnis von einem Gesundheitsamt sowie ein aktuelles polizeiliches Führungszeugnis.

Das Hochschulsystem: In Österreich gibt es zwölf Universitäten sowie sechs künstlerische Hochschulen, die zentral durch den Staat verwaltet werden. Der wissenschaftlichen Berufsvorbildung dienende Studien dauern zwischen acht und elf Semester, sie werden mit einem Diplom abgeschlossen. Wie in Deutschland gliedert sich das Studium in einen ersten einführenden und einen vertiefenden zweiten Teil. An künstlerischen Hochschulen währen die Studien länger. Im Anschluß an ein Diplomstudium kann im Rahmen eines Doktoratstudiums eine Dissertation angefertigt werden. Neben den genannten Studien gibt es in Österreich Kurzstudiengänge ohne akademischen Grad, die bis zu sechs Semester dauern, beispielsweise für die Fächer Datentechnik und Versicherungsmathematik.

Das Studienjahr fängt im Oktober an und endet Ende September, es gliedert sich in zwei Semester. Das Studium kann sowohl im Winter- wie im Sommersemester aufgenommen werden.

Kosten und Förderungen: Es werden an den österreichischen Hochschulen für bundesdeutsche Studierende keine Studiengebühren erhoben. Unter anderem fördert der Deutsche Akademische Auslandsdienst Studierende in Österreich, zusätzlich stellt die Österreichische Regierung zu denselben Bedingungen weitere Stipendien bereit, die vornehmlich an noch nicht in dem Land Immatrikulierte vergeben werden. Das Studium wird im Regelfall ein Jahr gefördert. BAföG-Ansprechpartner ist das Amt für Ausbildungsförderung, München, Schwandthaler Straße 40, 80336 München.

Hochschulen/Institute: Neben den Universitäten wird eine Anzahl der künstlerischen Hochschulen sowie der technischen Institute vorgestellt. Auch für die österreichischen Hochschulen wird in jedem Fall nur eine Auswahl der Fachangebote vorgestellt.

Graz – Hochschule für Musik und darstellende Kunst
Fachrichtungen: u. a. Musik und Musikerziehung.
Anschrift: Hochschule für Musik und darstellende Kunst, Leonhardstraße 15, A–8010 Graz

Graz – Technische Universität
Fachrichtungen: u. a. Architektur, Bauingenieurwesen, Biologie, Chemie, Elektrotechnik, Geometrie, Informatik, Maschinenbau, Mathematik, Physik.
Anschrift: Technische Universität Graz, Rechbauerstraße 12, A–8010 Graz

Graz – Universität Graz
Fachrichtungen: u. a. Archäologie, Biochemie, Chemie, Geografie, Geologie, Geschichte, Jura, Mathematik, Medizin, Naturwissenschaften, Pharmazie, Philologie/Sprachen, Philosophie, Physik, Psychologie, Sozialwissenschaften, Soziologie, Theologie, Verwaltungswissenschaft, Wirtschaftswissenschaft, Zahnmedizin.
Anschrift: Universität Graz, Universitätsplatz 3, A–8010 Graz

Innsbruck – Universität Innsbruck
Fachrichtungen: u. a. Architektur, Biochemie, Chemie, Geologie, Geschichte, Informatik, Ingenieurwissenschaften, Jura, Mathematik, Mechanik, Medizin, Musik, Naturwissenschaften, Pharmazie, Philologie/Sprachen, Philosophie, Physik, Politikwissenschaft, Psychologie, Sozialwissenschaften, Theologie, Tourismus, Verwaltungswissenschaft, Wirtschaftswissenschaften, Zahntechnik.
Anschrift: Universität Innsbruck, Innrain 52, A–6020 Innsbruck

Klagenfurt – Universität für Bildungswissenschaften
Fachrichtungen: u. a. Geografie, Geschichte, Informatik, Jura, Mathematik, Pädagogik, Philologie/Sprachen, Philosophie, Psychologie, Soziologie, Wirtschaftswissenschaften.
Anschrift: Universität für Bildungswissenschaften, Universitätsgasse 67, A–9020 Klagenfurt

Leoben – Montanuniversität Leoben
Fachrichtungen: u. a. Bergbau, Chemie, Geophysik, Maschinenbau, Werkstoffkunde, Wirtschaftswissenschaften.
Anschrift: Montanuniversität Leoben, Franz-Josef-Straße 18, A–8700 Leoben

Linz – Hochschule für künstlerische und industrielle Gestaltung
Fachrichtungen: u. a. Architektur, Malerei, Design, textiles Gestalten.
Anschrift: Hochschule für künstlerische und industrielle Gestaltung, Hauptplatz 8, A–4020 Linz

Linz – Universität Linz
Fachrichtungen: u. a. Chemie, Geschichte, Informatik, Jura, Maschinenbau, Mathematik, Naturwissenschaften, Philosophie, Physik, Psychologie, Sozialwissenschaften, Soziologie, Wirtschaftswissenschaften.
Anschrift: Universität Linz, Schloß Auhof, A–4040 Linz

Salzburg – Hochschule für Musik und darstellende Kunst Mozarteum
Fachrichtungen: u. a. Instrumentalfächer, Kirchenmusik, Musik und Musikerziehung, textiles Gestalten.

Anschrift: Hochschule für Musik und darstellende Kunst, Mirabellplatz 1, A–5020 Salzburg

Salzburg – Universität Salzburg
Fachrichtungen: u. a. Archäologie, Biologie, Botanik, Geografie, Geologie, Geschichte, Informatik, Journalistik, Jura, Kunstgeschichte, Mathematik, Naturwissenschaften, Philologie/Sprachen, Philosophie, Psychologie, Soziologie, Theologie.
Anschrift: Universität Salzburg, Residenzplatz 1, A–5020 Salzburg

Wien – Akademie der bildenden Künste
Fachrichtungen: u. a. Architektur, Malerei, Werken.
Anschrift: Akademie der bildenden Künste, Schillerplatz 3, A–1010 Wien

Wien – Hochschule für angewandte Kunst
Fachrichtungen: u. a. Architektur, Bildhauerei, Design, Malerei, Mode, Produktgestaltung.
Anschrift: Hochschule für angewandte Kunst, Oskar-Kokoschka-Platz 2, A–1010 Wien

Wien – Hochschule für Musik und darstellende Kunst
Fachrichtungen: u. a. darstellende Kunst, Musik, Regie.
Anschrift: Hochschule für Musik und darstellende Kunst, Lothringer Straße 18, A–1030 Wien

Wien – Technische Universität Wien
Fachrichtungen: u. a. Architektur, Bauingenieurwesen, Chemie, Elektrotechnik, Geologie, Informatik, Maschinenbau, Mathematik, Physik, Wirtschaftswissenschaften.

Anschrift: Technische Universität Wien, Karlsplatz 13, A–1040 Wien

Wien – Universität für Bodenkultur Wien
Fachrichtungen: u. a. Bodenforschung und Baugeologie, Verkehrswesen, Wasserwirtschaft.
Anschrift: Universität für Bodenkultur, Gregor-Mendel-Straße 33, A–1180 Wien

Wien – Universität Wien
Fachrichtungen: u. a. Archäologie, Biochemie, Geografie, Geologie, Geschichte, Jura, Kunstgeschichte, Mathematik, Medizin, Musik, Pharmazie, Philologie/Sprachen, Philosophie, Physik, Psychologie, Sozialwissenschaften, Soziologie, Theologie, Wirtschaftswissenschaften, Zahnmedizin.
Anschrift: Universität Wien, Dr.-Karl-Lueger-Ring 1, A–1010 Wien

Wien – Veterinärmedizinische Universität Wien
Fachrichtungen: u. a. Biochemie, Chemie, Botanik, Tiermedizin, Zoologie.
Anschrift: Veterinärmedizinische Universität Wien, Linke Bahngasse 11, A–1030 Wien

Wien – Wirtschaftsuniversität Wien
Fachrichtungen: u. a. Informationswirtschaft, Sozialwissenschaften, Sprachen, Technologie, Wirtschaftswissenschaften.
Anschrift: Wirtschaftsuniversität Wien, Augasse 2–6, A–1090 Wien

Eine vollständige Liste aller Hochschulen und Institute

verschickt der Deutsche Akademische Austauschdienst, Kennedyallee 50, 53175 Bonn. Über nichtuniversitäre Ausbildungsmöglichkeiten informiert die Broschüre »ABC des berufsbildenden Schulwesens«, anzufordern beim österreichischen Bundesministerium für Unterricht, Kunst und Sport, Minoritenplatz 5, A–1010 Wien.

Ansprechpartner

Botschaft der Republik Österreich, Johanniterstraße 2, 53113 Bonn
  Botschaft der Bundesrepublik Deutschland, Metternichgasse 3, A–1037 Wien
  Bundesministerium für Wissenschaft und Forschung, Minoritenplatz 5, A–1010 Wien
  Bundesministerium für Unterricht, Kunst und Sport, Minoritenplatz 5, A–1010 Wien
  Gesundheitsamt, Neutrogasse 16, A–1010 Wien
  International Academic Center Wien, Schottengasse 1, A–1010 Wien
  Österreichischer Akademischer Auslandsdienst, Hauptgebäude der Universität Wien, Dr.-Karl-Lueger-Ring 1, Stiege IX, A–1010 Wien
  Zentralausschuß der Österreichischen Hochschülerschaft, Liechtensteinstraße 13, A–1090 Wien

Portugal

Zum Land: Zur República Portuguesa im Westen der iberischen Halbinsel gehören neben dem kontinentalen Teil, der in 18 Bezirke gegliedert ist, die autonomen Inseln der Azoren und Madeira. Die Bevölkerung von rund zehn Millionen Einwohnern drängt sich auf einem schmalen Küstenstreifen von der Nordküste bis Setúbal. Nach der Verfassung ist Portugal seit April 1976 eine parlamentarische Demokratie. Fast die Hälfte des Landes wird landwirtschaftlich genutzt. Neben der Fisch- und Korkverarbeitung hat sich die Textilindustrie entwickelt. Amtssprache ist Portugiesisch, Währung der Escudo mit 100 Centavos. Hauptstadt ist Lissabon am rechten Ufer des Tejo, im Einzugsgebiet leben rund zwei Millionen Einwohner. Eine weitere größere Stadt ist Porto im Norden des Landes.

Bundesdeutsche Studierende, die eine Zeit an einer portugiesischen Universität hören wollen, sollten dies nach Erwerb der Grundkenntnisse in ihrem Fach am besten nach einem abgeschlossenem Grundstudium tun. Es ist sinnvoll, die gewünschte Hochschule vorher zu kontaktieren, um die konkreten Angebote und die vom Studierenden geforderten Leistungen zu erfahren. Die meisten bundesdeutschen Studierenden in Portugal sind in Austausch- und Stipendienprogramme integriert. Wer sich länger als drei Monate in Portugal aufhalten will, muß in der Hauptstadt Lissabon bei der Ausländerabteilung des Innenministeriums oder bei dem jeweiligen Einwohnermeldeamt, Câmera Municipal, vorstellig werden.

Die Wohnungssituation ist angespannt, Studentenwohnheimplätze sind auch für ausländische Studierende nicht in ausreichender Anzahl vorhanden. Die Krankenversicherung ist im Rahmen der EU-Regelungen unproblematisch in Portugal weiterzuführen. Wer jobben will, benötigt keine Arbeitserlaubnis, jedoch gibt es sehr wenig Möglichkeiten für Nebenerwerbstätigkeiten. Über Vergünstigungen für Studierende informieren die Hochschulen, deren Serviços Sociais und die Studentenvereinigungen.

Allgemeine Informationen/Fremdenverkehrsverein: Portugiesisches Touristik- und Handelsbüro, Schäfergasse 17, 60313 Frankfurt

Studieren in Portugal: Die Zulassungsbedingungen zum Studium in Portugal verlangen die allgemeine Hochschulreife sowie vom jeweiligen Fach abhängige Qualifikationen für das angestrebte Fachgebiet. Ein der jeweiligen portugiesischen Zulassungsberechtigung angemessener Leistungsnachweis wird verlangt. Wer sein Studium hier beginnen will, für den gelten folgende Regelungen: Zeugnisse müssen in einer beglaubigten Übersetzung vorgelegt werden. Das Departemento do Ensino Secundário kann dazu befragt werden. Dieses Ministerium verschickt auch die Bewerbungsbögen. Damit kann man sich am portugiesischen Zulassungsverfahren beteiligen. Wer bereits einige Semester studiert hat, muß sich an der jeweiligen Hochschule bewerben. Diese prüft die

Angemessenheit von Leistungen für das weitere Studium in Portugal.
Es gibt Zulassungsbeschränkungen auch für bundesdeutsche Studierende. Die Menge der zu vergebenden Studienplätze wird jährlich definiert. Die staatlichen und die freien Universitäten legen ihre Quoten selbst fest, für die polytechnischen Institute werden diese zentral bestimmt. Eine Ausnahme stellt die Universidade Católica Portuguesa dar.
Es werden gute Kenntnisse der Landessprache vorausgesetzt, die bei den Aufnahmeprüfungen getestet werden. Einige Hochschulen bieten Sprachkurse auch in Sommer- und Jahreskursen an. Das Instituto Camões und der Deutsche Akademische Austauschdienst informieren über Einzelheiten.

Das Hochschulsystem: Das Hochschulwesen gliedert sich in einen universitären und einen polytechnischen, fachspezifisch anwendungsbezogenen Zweig. Der Wechsel zwischen beiden ist möglich, die Studienleistungen werden gegenseitig anerkannt. Die Bewertung wird von der jeweiligen Hochschule vorgenommen. Neben den 14 staatlichen Universitäten gibt es eine Fernuniversität, die Universidade Aberta, außerdem Universitäten in freier Trägerschaft sowie die Universidade Católica Portuguesa mit Niederlassungen an sieben Orten der Republik.

Das akademische Jahr wird von den jeweiligen Hochschulen definiert, beginnt aber häufig Anfang Oktober und dauert bis Ende Juni. Es gibt Gliederungen nach Jahren und nach Semestern. Erwerbbare Grade an den Hochschulen sind *Licentiatura* nach vier bis sechs Jahren, der *Mestrado* nach einem weiterführenden Studium mit einer selbständigen Arbeit und als höchste Stufe *Doutoramento* mit einer Forschungsarbeit und anschließender Vereidigung. An den polytechnischen Institutionen kann mit *Bacharelato* und Diplom ein Abschluß gemacht werden, weiterführend kann ein erweitertes Diplom, das der *Licenciatura* vergleichbar ist, angestrebt werden.

Kosten und Förderungen: Es werden Studiengebühren erhoben. Weitere Kosten fallen für Einschreibung und Belegung an. Der Deutsche Akademische Austauschdienst bietet Stipendien für Portugal an. BAföG-Ansprechpartner ist das Amt für Ausbildungsförderung, Saarbrücken, Großherzog-Friedrich-Straße 6, 66111 Saarbrücken.

Hochschulen/Institute: Die wichtigsten portugiesischen Hochschulen in privater und öffentlicher Trägerschaft, technische Hochschulen sowie polytechnische Institutionen und Akademien werden mit einer Auswahl der angebotenen Fächer vorgestellt.

Aveiro – Instituto Superior de Contabilidade e Administração de Aveiro
Fachrichtungen: u. a. Finanzen, Verwaltungswissenschaften.
Anschrift: Instituto Superior de Contabilidade e Administração de Aveiro, Rua de Ílhavo, Apartado 58, P–3800 Aveiro

Aveiro – Universidade de Aveiro
Fachrichtungen: u. a. Biologie, Geologie, Ingenieurwissenschaften, Mathematik, Physik, Sozialwissenschaften, Verwaltungswissenschaft, Wirtschaft.
Anschrift: Universidade de Aveiro, Campo Universitário de Santiago, P–3800 Aveiro

Beja – Instituto Politécnico de Beja
Fachrichtungen: u. a. Agrarwissenschaft, Betriebswirtschaftslehre.
Anschrift: Instituto Politécnico de Beja, Rua de Santo António, 1A, P–7800 Beja

Braga – Universidade do Minho
Fachrichtungen: u. a. Chemie, Geschichte, Informatik, Ingenieurwissenschaften, Mathematik, Philosophie, Physik, Psychologie, Verwaltungswissenschaft, Wirtschaftswissenschaften.
Anschrift: Universidade do Minho, Largo do Paço, P–4719 Braga

Bragança – Instituto Politécnico de Bragança
Fachrichtungen: u. a. Agrarwissenschaft, Wirtschaftsinformatik, Wirtschafts- und Verwaltungswissenschaften.
Anschrift: Instituto Politécnico de Bragança, P–5300 Bragança

Coimbra – Instituto Politécnico de Coimbra
Fachrichtungen: Agrarwissenschaft, Ingenieurwissenschaften, Verwaltungswissenschaft.
Anschrift: Instituto Poliécnico de Coimbra, Apartado 3023, P–3000 Coimbra

Coimbra – Universidade de Coimbra
Fachrichtungen: u. a. Architektur, Biologie, Biochemie, Chemie, Geografie, Geologie, Geschichte, Informatik, Ingenieurwissenschaften, Journalismus, Jura, Mathematik, Mechanik, Medizin, Musik, Pharmazie, Philologie/Sprachen, Philosophie, Physik, Psychologie, Verwaltungswissenschaft, Wirtschaftswissenschaften, Zahnmedizin.
Anschrift: Universidade de Coimbra, Pátio da Universidade, P–3000 Coimbra; diverse Fakultäten an anderen Orten in der Stadt.

Covilhã – Universidade da Beira Interior
Fachrichtungen: u. a. Chemie, Informatik, Ingenieurwissenschaften, Mathematik, Mechanik, Physik, Soziologie, Verwaltungswissenschaft, Wirtschaftswissenschaften.
Anschrift: Universidade da Beira Interior, Rua Marquês de Ávila e Bolama, P–6200 Corvilhã

Evora – Universidade de Evora
Fachrichtungen: u. a. Architektur, Biologie, Biophysik, Geschichte, Ingenieurwissenschaften, Mathematik, Soziologie, Wirtschaftswissenschaften.
Anschrift: Universidade de Evora, Largo dos Colegiais, 2, P–7001 Évora Codex

Faro – Universidade do Algarve
Fachrichtungen: u. a. Agrarwissenschaft, Biochemie, Informatik, Mathematik, Meeresbiologie, Philologie/Sprachen, Wirtschaftswissenschaften.
Anschrift: Universidade do Algarve, Quinta da Penha, Estrada da Penha, P–8000 Faro

Funchal/Madeira – Universidade da Madeira
Fachrichtungen: u. a. Biologie, Chemie, Kunst, Mathematik, Philologie/Sprachen.
Anschrift: Universidade da Madeira, Colégio dos Jesuítas, Praça do Município, P–9000 Funchal

Guarda – Instituto Politécnico da Guarda
Fachrichtungen: u. a. Informatik, Ingenieurwissenschaften, Mechanik, Musik, Theologie, Wirtschaftswissenschaften.
Anschrift: Instituto Politécnico da Guarda, Rua Comandante Salvador Nascímento, P–6300 Guarda

Lissabon – Instituto Politécnico de Lisboa
Fachrichtungen: u. a. Ingenieurwissenschaften, Wirtschaftswissenschaften.
Anschrift: Instituto Politécnico de Lisboa, Campo dos Mártires da Pátria, 2–2°, P–1100 Lisboa

Lissabon – Instituto Superior de Ciências do Trabalho e Empresa
Fachrichtungen: u. a. Ingenieurwissenschaften, Soziologie, Wirtschaftswissenschaften.
Anschrift: Instituto Superior de Ciências do Trabalho e Empresa, Av. das Forças Armadas, P–1600 Lisboa

Lissabon – Universidade Autónoma de Lisboa ›Luís de Camões‹
Fachrichtungen: u. a. Geschichte, Informatik, Ingenieurwissenschaften, Jura, Mathematik, Philologie/Sprachen, Soziologie, Verwaltungswissenschaft, Wirtschaftswissenschaften.
Anschrift: Universidade Autónoma de Lisboa ›Luís de Camões‹, Ria de Santa Marta, 56, P-1100 Lisboa

Lissabon – Universidade Católica Portuguesa
Fachrichtungen: u. a. Biochemie, Journalismus, Jura, Philologie/Sprachen, Philosophie, Politikwissenschaft, Soziologie, Theologie, Wirtschaftswissenschaften.
Anschrift: Universidade Católica Portuguesa, Lisboa, Palma de Cima, P–1600 Lisboa

Lissabon – Universidade de Lisboa
Fachrichtungen: u. a. Biochemie, Biologie, Chemie, Design, Geografie, Geologie, Geophysik, Geschichte, Informatik, Ingenieurwissenschaften, Jura, Kunst, Mathematik, Medizin, Pharmazie, Philologie/Sprachen, Philosophie, Physik, Psychologie, Technologie, Verwaltungswissenschaft.
Anschrift: Universidade de Lisboa, Alameda da Universidade, P–1600 Lisboa Codex; diverse Fakultäten an anderen Orten in der Stadt.

Lissabon – Universidade Internacional de Lisboa
Fachrichtungen: u. a. Jura, Wirtschaftswissenschaften.
Anschrift: Universidade Internacional de Lisboa, Estrada de Benfica, 275, P–1500 Lisboa

Lissabon – Universidade Luíada
Fachrichtungen: u. a. Architektur, Geschichte, Jura, Mathematik, Verwaltungswissenschaften, Wirtschaftswissenschaften.
Anschrift: Universidade Lusíada, Rua da Junqueira, 194, P–1300 Lisboa

Lissabon – Universidade Nova de Lisboa
Fachrichtungen: u. a. Geografie, Geschichte, Informatik, Ingenieurwissenschaften, Musik, Philologie/Sprachen, Philosophie, Sozialwissenschaften, Soziologie, Technologie, Wirtschaftswissenschaften.
Anschrift: Universidade Nova de Lisboa, Praça do Príncipe Real, 26, P–1200 Lisboa

Lissabon – Universidade Técnica de Lisboa
Fachrichtungen: u. a. Agrarwissenschaft, Antropologie, Architektur, Design, Ingenieurwissenschaften, Politikwissenschaft, Tiermedizin, Verwaltungswissenschaft, Wirtschaftswissenschaften.
Anschrift: Universidade Técnica de Lisboa, Alameda de Santo António dos Capuchos, 1, P–1100 Lisboa; diverse Institute an anderen Orten der Stadt.

Ponta Delgada/Azoren – Universidade dos Açores
Fachrichtungen: u. a. Biochemie, Biologie, Geschichte, Informatik, Mathematik, Philologie/Sprachen, Wirtschaftswissenschaften.
Anschrift: Universidade dos Açores, Rua da Mãe de Deus, P–9502 Ponta Delgada

Portalegre – Instituto Politécnico de Portalegre
Fachrichtungen: u. a. Ingenieurwissenschaften.
Anschrift: Instituto Politécnico de Portalegre, Praça da Município, P–7300 Portalegre

Porto – Instituto Politécnico do Porto
Fachrichtungen: u. a. Jura, Musik, Ingenieurwissenschaften, Sozialarbeit, Verwaltungswissenschaft.
Anschrift: Instituto Politécnico do Porto, Rua Dr. Roberto Frias, P–4200 Porto

Porto – Universidade do Porto
Fachrichtungen: u. a. Architektur, Biologie, Biochemie, Chemie, Geografie, Geologie, Geschichte, Ingenieurwissenschaften, Kunst, Mathematik, Medizin, Pharmazie, Philologie/Sprachen, Philosophie, Physik, Psychologie, Soziologie, Wirtschaftswissenschaften, Zahnmedizin.
Anschrift: Universidade do Porto, Rua D. Manuel II, P–4003 Porto; diverse Institute an anderen Orten der Stadt.

Porto – Universidade Portucalense Infante D. Henrique
Fachrichtungen: u. a. Geschichte, Informatik, Jura, Mathematik, Wirtschaftswissenschaften.
Anschrift: Universidade Portucalense Infante D. Henrique, Av. Rodrigues de Freitas, 349, P–4000 Porto

Santarém – Instituto Politécnico de Santarém
Fachrichtungen: u. a. Agrarwissenschaft, Architektur, Ingenieurwissenschaften, Technologie.
Anschrift: Instituto Politécnico de Santarém, Complexo Andaluz, P–2002 Santarém

Setúbal – Instituto Politécnico de Setúbal
Fachrichtungen: u. a. Informatik, Ingenieurwissenschaften.
Anschrift: Instituto Politécnico de Setúbal, Largo dos Defensores da República, 1, P–2900 Setúbal

Viana do Castelo – Instituto Politécnico de Viana do Castelo

Fachrichtungen: u. a. Agrarwissenschaft, Technologie, Ingenieurwissenschaften, Tourismus.

Anschrift: Instituto Politécnico de Viana do Castelo, Rua da Escola Industrial e Comercial Nun' Álvares, P–4901 Viana do Castelo

Vila Real – Universidade de Trás-os-Montes e Alto Douro

Fachbereiche: u. a. Agrarwissenschaft, Ingenieurwissenschaften, Tiermedizin.

Anschrift: Universidade de Trás-os-Montes e Alto Douro, Quinta dos Prados, Folhadela, P–5000 Vila Real

Eine vollständige Liste aller Hochschulen und Institute verschickt der Deutsche Akademische Austauschdienst, Kennedyallee 50, 53175 Bonn. Über das gesamte Bildungsangebot informieren Botschaft und Konsulate sowie das zuständige Ministerium Portugals, das Departamento do Ensino Superior. Außerdem sind die Anschriften aller Hochschulen und Institutos Politécnicos in der Broschüre »Orientar para o Ensino Superior«, Fundação da Juventude, Porto Editora, LDA, 1994, neben wesentlichen Fakten über das Studium an portugiesischen Instituten aufgeführt.

Ansprechpartner:

Botschaft der Portugiesischen Republik, Ubierstraße 78, 53173 Bonn

Botschaft der Bundesrepublik Deutschland, Campo dos Mártires da Pátria 38, P–1100 Lisboa

Câmara de Comércio e Indústria Luso-Alemã/ Deutsch-Portugiesische Industrie- und Handelskammer, Av. da Liberdade, 32, P–1200 Lisboa

Departamento do Ensino Superior/Ministério da Educação, Av. Duque d'Á'vila, 137, P–1000 Lisboa

Deutsch-Portugiesische Gesellschaft, Weyerstraße 58–62, 50676 Köln

Instituto Camões, Praça do Príncipe Real, 14–1, P–1200 Lisboa

Goethe-Institut, R. Alex. Herculano, 21 B, P–3000 Coimbra

Goethe-Institut, Campo dos Mártires da Pátria 36–37, P–1198 Lisboa Codex

Goethe-Institut, Rua do Campo Alegre 298, P–4100 Porto

Ministério da Administração Interna, Rua Conselheiro José Ribeiro 4, P–1600 Lisboa

Schweden

Zum Land: Schweden, amtlich Konungariket Sverige, umfaßt ein Staatsgebiet von rund 450 000 km², rund acht Prozent der Fläche besteht aus Seen. Knapp neun Millionen Einwohner leben im Lande. Währung ist die schwedische Krone mit 100 Öre. Im Süden des Landes liegt der wirtschaftliche Schwerpunkt auf der Landwirtschaft, im Norden überwiegt die Waldnutzung. Die Eisenerzförderung im Norden ist die Basis für eine moderne Industrie, darüber hinaus sind Holz- und Holzverarbeitung sowie die Textilindustrie zu erwähnen.

Die Staatsverwaltung erfolgt auf Bezirksebene in den 24 Bezirken. Die Bevölkerung besteht vorwiegend aus Schweden, daneben leben vor allem im Norden Lappen oder Samen sowie zugewanderte Finnen. Hauptstadt des vorwiegend evangelisch-lutherischen Landes ist Stockholm. Die ersten Universitäten des Königreichs wurden 1477 in Uppsala und 1666 in Lund gegründet.

Studierende aus der Bundesrepublik Deutschland benötigen eine Aufenthaltsgenehmigung bzw. ein Studenten-Visum, das in der jeweiligen Botschaft, den Konsulaten oder im Land selbst beantragt werden kann. Es muß nachgewiesen werden, daß der Studierende seine Lebenshaltungskosten für die Zeit seines Aufenthalts in Schweden finanzieren kann. Staatsbürgern aus den EU-Ländern ist die Arbeit in Schweden erlaubt, wenn eine mehr als dreimonatige Aufenthaltsgenehmigung vorliegt. Das Studium selbst ist weitgehend gebührenfrei, in vielen Städten sind lediglich Zahlungen an Studentenvereinigungen üblich. An manchen Hochschulen werden für nichtschwedische Studierende zusätzlich Einschreibe- bzw. Studiengebühren erhoben; die Universitäten und Colleges nennen auf Anfrage die Summen. Die Studentenvereinigung verwaltet einige Wohnheime, für die man sich rechtzeitig anmelden sollte. Die deutsche Krankenversicherung ist meist im Rahmen der studentischen Krankenkassenabsprachen in Schweden gültig. Die konkreten Bedingungen sollten im Vorfeld geklärt werden. Studierende, die sich länger als für ein akademisches Jahr in dem skandinavischen Staat einschreiben wollen, sollten sich in der schwedischen staatlichen Versicherung registrieren lassen. Die Studentenvertretungen geben in diesen Fällen Auskunft.

Allgemeine Informationen/Fremdenverkehrsverein: Schweden Werbung für Reisen und Touristik, Next Stop Sweden, Lilienstraße 19, 20095 Hamburg

Studieren in Schweden: Für bundesdeutsche Studierende gibt es in Schweden ein reiches Angebot an kürzeren und längeren Studien. Es besteht ebenfalls die Möglichkeit, nur an einzelnen Kursen teilzunehmen. Die einzelnen Hochschulen informieren über ihre konkreten Angebote für nichtschwedische Studierende. Für den Aufenthalt werden zumindest gute Englisch- und Schwedischkenntnisse vorausgesetzt.

Das Hochschulsystem: Das Studium in Schweden unterteilt sich in die erste Studien- sowie eine Postgraduiertenphase. Neben Volluniversitäten und solchen mit nur einem oder wenigen Fächern gibt es Universitätscolleges mit einem eingeschränkten Studienangebot. Nur wenige der Colleges bieten Möglichkeiten für Postgraduierte. Das akademische Jahr beginnt im August. Es besteht aus zwei Semestern, die von August bis Januar, unterbrochen durch die Weihnachtsferien, und von Januar bis Juni dauern. Für das akademische Jahr werden je nach Belegplan und Anwesenheit bis zu 40 Punkte vergeben. Das Studium selbst dauert im Regelfall zwischen drei und vier Jahre bis zum Abschluß. Es werden drei akademische Grade vergeben: *högskoleexamen*, ein Diplom, *kandidatexamen*, ein erster regulärer Abschluß für alle Fächer mit Ausnahme des Kunststudiums, sowie das *magisterexamen* nach zumeist vierjährigem Studium. Darüber hinaus wird in Fächern wie Medizin oder in der Lehrerausbildung das *yrkeexamen*, ein Diplom, vergeben. Nach einem ersten Abschluß dauert es in der Regel vier Jahre, bis ein Doktortitel erlangt werden kann. In vielen Fächern wird auf eine praxisnahe Ausbildung Wert gelegt.

Kosten und Förderungen: Der Deutsche Akademische Austauschdienst stellt für bundesdeutsche Studierende in Schweden eine Reihe von Stipendien bereit. Auch das Svenska Institutet vergibt jährlich drei Stipendien an Bundesdeutsche. BAföG-Ansprechpartner ist das Amt für Ausbildungsförderung, Flensburg, Dr.-Todsen-Straße 2, 24937 Flensburg.

Hochschulen/Institute:

Boden – College of Health Sciences
Fachrichtungen: u. a. Gesundheitswesen mit vielfältigen Spezialisierungsmöglichkeiten von Anästhesie bis Psychiatrie.
Anschrift: Boden College of Health Sciences, Hedenbrovägen, S–96144 Boden

Borås – University College
Fachrichtungen: u. a. Chemie, Computertechnik, Ingenieurwissenschaften, Maschinenbau, Textilingenieurwissenschaft, Verwaltungswissenschaft.
Anschrift: Borås University College, International Secretary, Box 874, S–50115 Borås

Falun – Falun/Borlänge University College
Fachrichtungen: u. a. Computertechnik, Energietechnologie, Grafik, Ingenieurwissenschaften, Rehabilitationstechnologie, Sozialwissenschaften, Sportwissenschaften, Tourismus, Wirtschaftswissenschaften.
Anschrift: Falun/Borlänge University College, Box 2004, S–79102 Falun

Falun – College of Health Sciences
Fachrichtung: u. a. Gesundheitswesen mit vielfältigen Spezialisierungsmöglichkeiten.
Anschrift: College of Health Sciences, Box 741, S–79129 Falun

Gävle – College of Health and Caring Sciences
Fachrichtung: u. a. Gesundheitswesen mit vielfältigem Spezialisierungsmöglichkeiten von Anästhesie bis Psychiatrie und Zahnhygiene.
Anschrift: College of Health and Caring Sciences, Box 6160, S–80006 Gävle

Gävle – Sandviken University College
Fachrichtungen: u. a. Gesundheitswesen, Ingenieurwissenschaften, Kommunikationswissenschaften, Sozialwissenschaften, Technik, Wirtschaftswissenschaften.
Anschrift: Sandviken University College, International Office, Box 6052, S–80006 Gävle

Göteborg – College of Health Sciences
Fachrichtungen: u. a. Gesundheitswesen, Sozialarbeit, Therapieformen, Zahnhygiene.
Anschrift: College of Health Sciences, Göteborg University, Box 19095, S–40012 Göteborg

Göteborg – Chalmers University of Technology
Fachrichtungen: u. a. Architektur, Automatisierungstechnik, Chemie, Computertechnik, Ingenieurwissenschaften, Physik, Wirtschaftswissenschaften.
Anschrift: Chalmers University of Technology, S–41296 Göteborg

Göteborg – Göteborg University
Fachrichtungen: u. a. Biologie, Chemie, Fischereiwesen, Geologie, Geschichte, Journalismus, Jura, Kunst, Mathematik, Medizin, Musikwissenschaft, Naturwissenschaften, Philologie/Sprachen, Philosophie, Physik, Psychologie, Sozialwissenschaften, Umwelttech-

nologie, Verwaltungswissenschaft, Wirtschaftswissenschaften.
Anschrift: Göteborg University, Vasaparken, S–41124 Göteborg

Härnösand – Mid-Sweden University College
Fachrichtungen: u. a. Erziehungswissenschaft, Sozialwissenschaften, Technologie, Theologie, Wirtschaftswissenschaften.
Anschrift: Mid-Sweden University College mit drei Studienorten: Härnösand, S–87188 Härnosand, Sundsvall, S–85170 Sundsvall, Östersund, S–83125 Östersund

Halmstad – University College
Fachrichtungen: u. a. Architektur, Grafik/Computertechnologie, Ingenieurwissenschaften, Medienwissenschaften, Philologie/Sprachen, Sozialwissenschaften, Wirtschaftswissenschaften.
Kürzere Studienabschnitte auch für ausländische Studierende, beispielsweise für Kommunikations- und Computertechnologie.
Anschrift: University College, Box 823, S–30118 Halmstad

Huddinge – Karolinska Institut
Fachrichtungen: u. a. Zahnmedizin und Zahntechnik.
Anschrift: Karolinska Institut, School of Dentistry, Box 4064, S–14104 Huddinge

Jönköping – University College
Fachrichtungen: Ingenieurwissenschaften, Jura, Kommunikationstechnik, Verwaltungswissenschaft, Wirtschaftswissenschaften.

Anschrift: University College, Box 1026, S–55111 Jönköping

Kalmar – University College
Fachrichtungen: u. a. Ingenieurwissenschaften, Kommunikation, Meerestechnologie, Naturwissenschaften, Wirtschaftswissenschaften.
Anschrift: University College, Box 905, S–39129 Kalmar

Karlskrona – Karlskrona/Ronneby University College
Fachrichtungen: u. a. Computertechnologie, Europäische Studien, Ingenieurwissenschaften, Philologie/Sprachen, Telekommunikation, Verwaltungswissenschaft.
Anschrift: Karlskrona/Ronneby University College, Box 321, S–37179 Karlskrona

Karlstad – University College
Fachrichtungen: u. a. Chemie, Geografie, Geschichte, Gesundheitswesen, Ingenieurwissenschaften, Philologie/Sprachen, Politikwissenschaft, Theologie, Verwaltungswissenschaft, Wirtschaftswissenschaften.
Für ausländische Studenten werden Kurse in einigen Fächern wie Computertechnik und Wirtschaftswissenschaften in englischer Sprache abgehalten.
Anschrift: University College, International Office, Box 9501, S–65009 Karlstadt

Kristianstad – University College
Fachrichtungen: u. a. Chemie, Gesundheitswesen, Ingenieurwissenschaften, Technologie, Wirtschaftswissenschaften.

Anschrift: University College, Box 59, S–29121 Kristianstad

Linköping – Faculty of Health Sciences
Fachrichtungen: u. a. Biomedizin, Medizin, öffentliches Gesundheitswesen, Sozialarbeit, Sportmedizin.
Anschrift: Linköping University, Faculty of Health Sciences, S–58183 Linköping

Linköping – University
Fachrichtungen: u. a. Chemie, Computertechnologie, Erwachsenenbildung, Gesundheitswesen, Ingenieurwissenschaften, Kunst, Philologie/Sprachen, Physik, Sozialwissenschaften, Wirtschaftswissenschaften.
Anschrift: Linköping University, International Secretariat, S–58183 Linköping

Luleå – University
Fachrichtungen: u. a. Computertechnologie, Ingenieurwissenschaften, Maschinenbau, Musik, Wirtschaftswissenschaften.
Angebote in englischer Sprache: u. a. Ingenieur- und Wirtschaftswissenschaften.
Anschrift: Luleå University, International Office, S–97187 Luleå

Lund – University
Fachrichtungen: u. a. Jura, Mathematik, Medizin, Musik, Philologie/Sprachen, Sozialwissenschaften, Technologie, Theologie, Zahnmedizin.
Anschrift: Lund University, International Student Office, Box 117, S–22100 Lund

Örebro – University College
Fachrichtungen: u. a. Computertechnologie, Erziehungswissenschaften, Musikwissenschaft, Naturwissenschaften, Philologie/Sprachen, Sozialwissenschaften, Technologie, Verwaltungswissenschaft.
Anschrift: Örebro University College, The International Secretariat, Box 923, S–70130 Örebro

Skövde – University College
Fachrichtungen: u. a. Ingenieurwissenschaften, Kunst, Mediakunde, Philologie/Sprachen, Wirtschaftswissenschaften.
Anschrift: Skövde University College, Box 408, S–54128 Skövde

Stockholm – Royal Institute of Technology
Fachrichtungen: Ingenieurwissenschaften.
Anschrift: Royal Institute of Technology, Educational and Planning Division, S–10044 Stockholm

Stockholm – School of Economics
Fachrichtungen: Verwaltungswissenschaft, Wirtschaftswissenschaften, Kooperationen mit Business–Schools in vielen Ländern der EU, Australien, Brasilien, Japan, USA.
Anschrift: The Stockholm School of Economics, Box 6501, S–11383 Stockholm

Stockholm – University
Fachrichtungen: u. a. Astrophysik, Biologie, Chemie, Geologie, Geschichte, Jura, Mathematik, Naturwissenschaften, Philologie/Sprachen, Philosophie, Physik, Sozialwissenschaften, Wirtschaftswissenschaften.

Anschrift: Stockholm University, S–10691 Stockholm

Stockholm – University College of Management in Graphic Production and Public Relations
Fachrichtungen: u. a. Werbung, grafische Produktion, Marketing, Print/Printmanagement.
Anschrift: University College of Management in Graphic Production and Public Relations, GI/HR, Box 27094, S–10251 Stockholm

Stockholm – University College of Opera
Fachrichtungen: Musikwissenschaft, Medienkunde, Oper/Musik/Gesang.
Anschrift: Stockholm University College of Opera, Strandvägen 82, S–11527 Stockholm

Stockholm – University College of Physical Education and Sports
Fachrichtungen: u. a. Biologie, Erziehungswissenschaft, Sport.
Anschrift: University College of Physical Education and Sports, Box 5626, S–11486 Stockholm

Trollhättan – Trollhättan/Uddevalla University College
Fachrichtungen: u. a. Computertechnologie, Erziehungswissenschaft, Ingenieurwissenschaften, Philologie/Sprachen, Technologie.
Anschrift: Trollhättan/Uddevalla University College, Box 277, S–46126 Trollhättan

Umeå – Umeå University
Fachrichtungen: u. a. Biologie, Geschichte, Gesundheitswesen, Kunst/Management, Medizin, Philolo-

gie/Sprachen, Philosophie, Physik, Politikwissenschaft, Sozialwissenschaften.
Anschrift: Umeå University, Student Counsellors Office, S–90187 Umeå

Uppsala – The Swedish University of Agricultural Sciences
Fachrichtungen: u. a. Agrarwissenschaft, Biotechnologie, Tiermedizin, Waldwirtschaft.
Anschrift: The Swedish University of Agricultural Sciences, Student Counsellors Office, Box 7070, S–75007 Uppsala

Uppsala – University
Fachrichtungen: u. a. Chemie, Jura, Mathematik, Medizin, Naturwissenschaften, Pharmazie, Philologie/Sprachen, Physik, Sozialwissenschaften, Technologie, Theologie, Wirtschaftswissenschaften.
Anschrift: Uppsala University, Students Counsellors Office, Box 256, S–75105 Uppsala

Väterås – Mälardalen University College
Fachrichtungen: u. a. Computertechnologie, Elektronik, Erziehungswissenschaft, Wirtschaftswissenschaften.
Anschrift: Mälardalen University College, Box 11, S–72103 Västerås

Växjö – University College
Fachrichtungen: u. a. Computertechnologie, Erziehungswissenschaft, Geschichte, Ingenieurwissenschaften, Philologie/Sprachen, Politikwissenschaft, Sozialwissenschaften, Wirtschafts- und Verwaltungswissenschaften.

Anschrift: Växjö University College, The International Office, S–35195 Växjö

Über das Studieren an schwedischen Hochschulen informiert auch der Deutsche Akademische Austauschdienst, Kennedyallee 50, 53175 Bonn. Weiterführende Informationen erhält man von der jeweiligen Institution und von der National Agency of Higher Education, Box 7851, S–10399 Stockholm. Diese informiert auch über Kunst- und Musikhochschulen, die Tanzakademie sowie Institutionen für Gesundheitswesen.

Ansprechpartner

Botschaft des Königreichs Schweden, Heussallee 2–10, Haus 1, 53113 Bonn.
  Botschaft der Bundesrepublik Deutschland, Box 2 78 32, S–11593 Stockholm
  Goethe-Institut, Drottninggatan 63, S–31107 Göteborg
  Goethe-Institut, Skomakaregatan 4, S–21134 Malmö
  Goethe-Institut, Linnégatan 76, S–11523 Stockholm
  National Association of Student Unions in Sweden SFS, St. Eriksplan 2, S–11320 Stockholm
  Stiftelsen Stockholms Studentenhem, Bostadscentralen, Box 19608, S–10432 Stockholm
  The Swedish Institute, Box 7434, S–10391 Stockholm

Schweiz

Zum Land: Die Schweizerische Eidgenossenschaft mit ihren Amts- und Unterrichtssprachen Deutsch, Französisch, Italienisch und Rätoromanisch gliedert sich in 20 Ganz- und sechs Halbkantone. Rund sieben Millionen Schweizer leben im Land. Hauptstadt ist Bern, Währung der Schweizer Franken mit 100 Rappen oder Centimes.
Neben Industrie und Agrarwirtschaft ist der Tourismus eine wichtige Einnahmequelle. Das Schulwesen ist vorwiegend den Kantonen zugeordnet, Primarschulangelegenheiten werden von den Gemeinden geregelt.

Die im deutschen Sprachraum liegende Universität Basel wurde 1460 gegründet, weitere Hochschulen entstanden überwiegend im 18. Jahrhundert. Wer als Bundesdeutscher länger als drei Monate in der Schweiz studieren möchte, muß bei der städtischen oder der kantonalen Fremdenpolizei eine Aufenthaltsgenehmigung beantragen. Zur Erteilung dieser ein Jahr gültigen Bescheinigung muß unter anderem auch nachgewiesen werden, daß die Studienphase an der Schweizer Hochschule finanziell gesichert ist. Eine Arbeitserlaubnis für die Semesterferien wird erteilt, das verdiente Geld wird aber bei den für Bundesdeutsche hohen Lebenshaltungskosten keinesfalls zur Studienfinanzierung ausreichen.

Allgemeine Informationen/Fremdenverkehrsverein: Schweizer Verkehrsbüro, Kaiserstraße 23, 60311 Frankfurt/Main

Studieren in der Schweiz: Bundesdeutsche Studierende sind durch das Zeugnis der allgemeinen Hochschulreife generell an Schweizer Hochschulen zulassungsberechtigt. Es gibt jedoch Zusatzbestimmungen für Erstsemester. Die jeweiligen Rektoren der Hochschulen oder die ernannten Vertreter der Fakultäten sind Ansprechpartner für bundesdeutsche Studierende, die sich an einer schweizerischen Hochschule einschreiben wollen. Rektoren oder ihre Vertreter entscheiden auch über Voraussetzungen und die Anerkennung von erbrachten Leistungen sowie über ggf. zu absolvierende Sprachprüfungen. Wie in fast allen Ländern Europas bestehen Zulassungsbegrenzungen und -beschränkungen. Bundesdeutsche Studienanfänger werden im Regelfall nicht an schweizerischen Hochschulen angenommen, eine Ausnahme wird an der Universität Basel für grenznahe Gebiete gemacht. Die medizinischen Fakultäten sind für bundesdeutsche Erstsemester generell gesperrt.

Wer sich als Bundesdeutscher im nicht deutschsprachigen Raum einschreiben will, muß das Französische überdurchschnittlich gut beherrschen. Einige Hochschulen verlangen eine Sprachprüfung. Über die jeweiligen Anforderungen informiert die gewählte Hochschule. Zusatzqualifikationen lassen sich über Angebote des Deutschen Akademischen Austauschdienstes im Rahmen der Sommersprachkurse erwerben.

Das Studium an einer Schweizer Hochschule sollte

im Wintersemester begonnen werden. Dabei gilt es zu berücksichtigen, daß wegen des Andrangs in vielen Fächern Voranmeldungen Monate vorher notwendig sind. Es ist deshalb sinnvoll, sich längerfristig bei der jeweiligen Hochschule auch über eventuelle Fristen zu erkundigen. Bei der Immatrikulation sind unter anderem das Hochschulzeugnis im Original, Exmatrikulationsurkunde oder Beurlaubungsbescheinigung der bundesdeutschen Hochschule und polizeiliche Anmeldung vorzulegen.

Das Hochschulsystem: In der Schweiz gibt es neben den sieben Universitäten in kantonaler Trägerschaft zwei Eidgenössische Technische Hochschulen sowie Hochschulen und Fakultäten mit eingeschränktem Fächerangebot. Zwar sind vielfach die jeweiligen Kantone Träger der Hochschulen, per Bundesgesetz wird die Koordination jedoch vom Bund übernommen.
Akademische Grade, die verliehen werden, sind das Lizentiat nach einem abgeschlossenen Studium, das Diplom nach einer absolvierten Abschlußprüfung. Es ist in seinen Anforderungen dem Lizentiat vergleichbar. Darüber hinaus kann man den Doktortitel nach erfolgreicher Dissertation erlangen. Die in der französischsprachigen Schweiz Certificat oder Brevet, im deutschsprachigen Raum Patente oder Diplome genannten Abschlüsse, die gemeinsam von Hochschule und Kanton abgenommen werden, beziehen sich auf die Berufszulassung als Arzt, Apotheker oder Anwalt.

Das Studienjahr beginnt im Oktober und dauert bis in den Juli, es gliedert sich in zwei Semester. Der Antritt an den Hochschulen ist nicht einheitlich geregelt, das Studium sollte aber im Wintersemester begonnen werden.

In den kantonalen Hochschulen in Basel, Bern, St. Gallen und Zürich sowie an der Pädagogischen Hochschule St. Gallen und der Eidgenösischen Technischen Hochschule Zürich wird in deutscher Sprache gelehrt, französisch in Genf, Lausanne, Neuchâtel und an der Ecole Polytechnique Fédérale in Lausanne.

In Fribourg werden Vorlesungen und Seminare in beiden Sprachen abgehalten.

Kosten und Förderungen: Auch für die Schweiz vergibt der Deutsche Akademische Auslandsdienst Stipendien. Die Schweizer Regierung stellt weitere Förderungsmittel speziell für die Hochschulen in Bern, Lausanne und Zürich sowie für Postgraduierte in Lausanne bereit. Als Besonderheit sei vermerkt, daß künftige Juristen sich in der ersten Studienphase an den Hochschulen von Genf und Lausanne auch um ein Jahresstipendium in der Schweiz bewerben können. Studiengebühren oder studienfachbezogene Gebühren werden gegebenenfalls erhoben. BAföG-Ansprechpartner ist das Landesamt für Ausbildungsförderung, Baden-Württemberg, Breitscheidstraße 4, 70174 Stuttgart.

Hochschulen/Institute:

Basel – Universtität Basel
Fachrichtungen: u. a. Geschichte, Jura, Medizin, Naturwissenschaften, Philosophie, Sozialwissenschaften, Theologie, Wirtschaftswissenschaften.
Anschrift: Universität Basel, Kanzlei der Universität, Verwaltungssekretariat, Postfach, CH-4003 Basel

Bern – Universität Bern
Fachrichtungen: u. a. Geschichte, Jura, Medizin, Naturwissenschaften, Philosophie, Theologie, Tiermedizin, Wirtschaftswissenschaften,
Anschrift: Universität Bern, Universitätskanzlei, Hauptgebäude, Zimmer 12, Hochschulstraße 4, CH-3012 Bern

Biel – Ingenieurschule Biel
Fachrichtungen: u. a. Architektur, Gestaltung, Informatik, Ingenieurwissenschaften, Mikromechanik.
Anschrift: Ingenieurschule Biel, Seevorstadt 103, CH-2502 Biel

Fribourg – Université de Fribourg/Universität Freiburg
Fachrichtungen: u. a. Journalismus, Jura, Mathematik, Naturwissenschaften, Philologie/Sprachen, Philosophie, Sozialarbeit, Sozialwissenschaften, Theologie Wirtschaftswissenschaften.
Anschrift: Université de Fribourg/Universität Freiburg, Chancellerie de l'Université/Kanzlei der Universität, Miséricorde, CH-1700 Fribourg

Genf – Université de Genève
Fachrichtungen: u. a. Architektur, Erziehungswissenschaft, Jura, Medizin, Naturwissenschaften, Philologie/Sprachen, Psychologie, Theologie, Wirtschaftswissenschaften.
Anschrift: Université de Genève, Secrétariat général de l'Université, Place de l'Université, CH-1211 Genève 4

Horw – Zentralschweizerisches Technikum
Fachrichtungen: u. a. Elektrotechnik, Ingenieurwissenschaften, Architektur, Technologie,
Anschrift: Zentralschweizerisches Technikum, Ingenieurschule, Technikumstraße, CH-6048 Horw

Lausanne – Ecole Polytechnique Fédérale de Lausanne
Fachrichtungen: u. a. Agrarwissenschaft, Architektur, Chemie, Informatik, Ingenieurwissenschaften, Mathematik, Physik.
Anschrift: Ecole Polytechnique Fédérale de Lausanne, Secrétariat général, Ecublens, CH-1015 Lausanne

Lausanne – Université de Lausanne
Fachrichtungen: u. a. Jura, Medizin, Pharmazie, Philologie/Sprachen, Politikwissenschaft, Sozialwissenschaften, Theologie.
Anschrift: Université de Lausanne, Chancellerie, Bâtiment du Rectorat et de l'Administration centrale, CH-1015 Lausanne

Neuchâtel – Université de Neuchâtel
Fachrichtungen: u. a. Jura, Philologie/Sprachen, Theologie, Wirtschaftswissenschaften.
Anschrift: Université de Neuchâtel, Secrétariat, Avenue du 1er Mars 26, CH-2000 Neuchâtel

St. Gallen – Hochschule St. Gallen für Wirtschafts- und Sozialwissenschaften
Fachrichtungen: u. a. Jura, Verwaltungswissenschaft, Wirtschaftswissenschaften.
Anschrift: Hochschule St. Gallen für Wirtschafts- und

Sozialwissenschaften, Sekretariat, Dufourstraße 50, CH-9000 St. Gallen

Zürich – Eidgenössische Technische Hochschule Zürich

Fachrichtungen: u. a. Agrarwissenschaft, Architektur, Biologie, Chemie, Elektrotechnik, Geologie, Informatik, Ingenieurwissenschaften, Mathematik, Pharmazie, Physik, Sozialwissenschaften.
Anschrift: Eidgenössische Technische Hochschule Zürich, Rektoratskanzlei, Rämistraße 101, CH-8092 Zürich

Zürich – Universität Zürich

Fachrichtungen: u. a. Jura, Medizin, Naturwissenschaften, Philologie/Sprachen, Philosophie, Theologie, Tiermedizin, Verwaltungswissenschaften.
Anschrift: Universität Zürich, Rektoratskanzlei, Rämistraße 71, CH-8006 Zürich

Eine vollständige Liste aller Hochschulen, Ingenieurschulen und Institute sowie der Musikkonservatorien, Tourismus-Fachschulen, Wirtschafts- und Verwaltungsschulen, der Fachschulen für Soziale Arbeit und der Heilpädagogikinstitute verschickt der Deutsche Akademische Austauschdienst, Kennedyallee 50, 53175 Bonn. Über ihr vollständiges Veranstaltungsangebot informieren die jeweiligen Hochschulen.

Ansprechpartner:

Botschaft der Bundesrepublik Deutschland, Willadingweg 83, CH-3006 Bern

Bundesamt für Bildung und Wissenschaft, Wildhainweg 9, CH-3001 Bern

Schweizerische Botschaft, Gotenstraße 156, 53175 Bonn

Schweizerische Zentralstelle für Hochschulwesen, Seidenweg 68, CH-3012 Bern

Spanien

Zum Land: Spanien umfaßt neben den Landesteilen auf der Iberischen Halbinsel die Inseln der Balearen und der Kanaren. Amtssprache ist Spanisch, das Kastilische; Katalanisch, Galizisch und Baskisch sind als Nationalsprachen anerkannt. Während ist die Peseta. Die Hauptstadt des Königreiches ist Madrid mit über drei Millionen Einwohnern; weitere große Städte sind Barcelona mit über 1,7 Millionen und Valencia mit 750 000 Bürgern. Die Wirtschaft gründet sich nach den Investitionen der 80er Jahre auf Industrie und immer noch auf die Landwirtschaft. Darüber hinaus ist der Tourismus ein wichtiger Wirtschaftsfaktor.

In Spanien gibt es über 25 Universitäten, älteste sind die in Salamanca, entstanden 1218, und die 1346 in Valladolid gegründete. Generell können sich bundesdeutsche Studierende an allen Hochschulen des Königreichs einschreiben. Für eine Studienphase, die länger als drei Monate dauert, bedarf es eines Visums. Dieses wird normalerweise erteilt, wenn eine Studienplatzzusage vorliegt und die Lebenshaltungskosten im Lande gewährleistet sind. Die lokale spanische Polizeibehörde bewilligt dann den Aufenthalt. Nach einem Jahr muß die Aufenthaltsgenehmigung für Studenten verlängert werden.

Auch in Spanien ist die Zimmersuche problematisch. Neben Studentenheimen, bei denen man sich schon von Deutschland aus bewerben kann – Formulare von der Hochschule anfordern –, kommen Heime in privater Trägerschaft sowie Pensionen in Frage. Was für die Dauer des Aufenthalts in Spanien in bezug auf die Krankenversicherung zu beachten ist, erfährt man bei seiner jeweiligen bundesdeutschen Krankenversicherung. Bundesdeutsche Krankenkassenbescheinigungen werden in Spanien anerkannt, müssen jedoch dort vorgelegt und umgeschrieben werden.

Allgemeine Informationen/Fremdenverkehrsverein: Spanisches Fremdenverkehrsamt, Myliusstraße 14, 60323 Frankfurt/Main

Studieren in Spanien: Das Ministerio de Educación y Ciencia, das Ministerium für Erziehung und Wissenschaft, sowie die jeweiligen Hochschulen entscheiden, inwieweit Hochschulreife und erbrachte Studienleistungen anerkannt werden. Die allgemeine Hochschulreife oder eine Fachhochschulreife wird für das Studium an einer spanischen Universität vorausgesetzt. Diesen Zertifikaten sind ein Nationalitätennachweis oder eine Meldebestätigung durch Botschaft oder Konsulat sowie ein Nachweis der absolvierten Studienabschnitte beizulegen. Auch müssen die Studiengebühren zu diesem Zeitpunkt überwiesen sein. Letztere werden für jedes akademische Jahr neu erhoben.

Für Studienanfänger ist eine Aufnahmeprüfung die Regel. Diese setzt sehr gute Kenntnisse der spanischen Sprache voraus. Zu beachten ist, daß schon vor der regulären Immatrikulation eine *preinscripción*, eine vorherige Anmeldung, erforderlich ist. Formulare für diesen Vorgang sind bei den jeweiligen Universitäten erhältlich.

Es besteht eine Studienplatzbegrenzung für ausländische Studierende. Bundesdeutsche Studierende können sich in der Regel für alle Fächer bewerben, für einige Fächer bestehen weitergehende Voraussetzungen. Das gilt zum Beispiel für Medizin und Zahnmedizin wie auch für die Künste.

Das Hochschulsystem: Der Studienablauf in Spanien variiert je nach den Hochschularten. Es gibt *escuelas técnicas superiores* und *escuelas técnicas universitarias de ingenieria y architectura* (die Schulen und Hochschulen für Ingenieurwissenschaften und Architektur), *escuelas universitarias* (die Hochschulen mit berufsbezogenem Abschluß), *escuelas profesionales universitarios* (berufsbildende Hochschulen) sowie andere Institutionen. Die Hochschulen sind weitgehend autonom; Studienabschlüsse, Zulassungsvoraussetzungen und die Qualifikation von Professoren werden national festgelegt.

Ein erster Studienabschnitt vermittelt das Basiswissen eines Faches. Der Abschluß ermöglicht den Eintritt ins Berufsleben. Zusammen mit dem folgenden vertiefenden Abschnitt kann man ein längeres Studium absolvieren, es kann u. a. nach einer Abschlußarbeit mit dem *Licenciado con Grado* erfolgreich beendet werden. Eine dritte – postgraduierte – Phase kann zu einem Doktortitel führen.

Das akademische Jahr dauert von Oktober bis Juni, es ist in Semester oder Trimester gegliedert. Der Ablauf des Studiums selbst ist stärker als in der Bundesrepublik festgelegt, eine Anzahl von Pflicht- und Wahlpflichtfächern sowie eine kleine Zahl freier Kurse sind vorgegeben. Erstere sind über die jeweilige Hochschule hinaus vorgeschrieben. Der Unterricht ist weitgehend »frontal«, das jeweils erworbene Wissen wird geprüft.

Kosten und Förderungen: Neben den Stipendien des Deutschen Akademischen Austauschdienstes werden Fördermittel vergeben durch die spanische Regierung sowie den *Consejo Superior de Investigaciones Cientificas*.

Hochschulen/Institute: Unterrichtssprachen können Spanisch und Katalanisch sein. Neben den über dreißig technischen und allgemeinen Universitäten in staatlicher Trägerschaft gibt es noch eine kleine Anzahl von Hochschulen, die unter der Hoheit der katholischen Kirche stehen. BAföG-Ansprechpartner ist das Amt für Ausbildungsförderung, Saarbrücken, Großherzog-Friedrich-Straße 6, 66111 Saarbrücken.

Alcalá de Henares – Universidad de Alcalá de Henares
Fachrichtungen: u. a. Geologie, Geschichte, Gesundheitswesen, Mathematik, Medizin, Pharmazie, Philologie/Sprachen, Wirtschaftswissenschaften.
Anschrift: Universidad de Alcalá de Henares, Plaza de San Diega, E-28801 Alcalá de Henares

Alicante – Universidad de Alicante
Fachrichtungen: u. a. Biologie, Chemie, Geografie, Ingenieurwissenschaften, Jura, Medienkunde, Medizin, Philologie/Sprachen, Soziologie, Verwaltungswissenschaft, Wirtschaftswissenschaften.

Barcelona – Universidad Autónoma de Barcelona
Fachrichtungen: u. a. Biochemie, Biologie, Chemie, Geografie, Geschichte, Informatik, Jura, Kunst, Mathematik, Medizin, Pharmazie, Philologie/Sprachen, Philosophie, Physik, Psychologie, Soziologie, Tiermedizin, Wirtschaftswissenschaften.
Anschrift: Universidad Autónoma de Barcelona, Campus de Bellaterra, E-08193 Barcelona

Barcelona – Universidad de Barcelona
Fachrichtungen: u. a. Biochemie, Biologie, Chemie, Design, Geografie, Geologie, Geschichte, Jura, Kunst, Mathematik, Medizin, Pharmazie, Philologie/ Sprachen, Philosophie, Physik, Psychologie, Sozialwissenschaften, Wirtschaftswissenschaften, Zahnmedizin.
Anschrift: Universidad de Barcelona, Gran Via de las Cortes Catelanas, 585, E-08007 Barcelona

Barcelona – Universidad Politécnica de Cataluña
Fachrichtungen: u. a. Agrarwissenschaften, Architektur, Ingenieurwissenschaften, Informatik, Wirtschaftswissenschaften.
Anschrift: Universidad Politécnica de Cataluña, C. Jordi Girona, 31, E-08034 Barcelona

Bilbao – Universidad de Deusto
Fachrichtungen: u. a. Geschichte, Informatik, Jura, Philologie/Sprachen, Philosophie, Psychologie, Soziologie, Theologie.
Anschrift: Universidad de Deusto, Avenida de las Universidades s/n, E-48080 Bilbao

Cáceres – Universidad de Extremadura
Fachrichtungen: u. a. Agrarwissenschaft, Biochemie, Biologie, Geografie, Geschichte, Gesundheitswesen, Informatik, Ingenieurwissenschaften, Jura, Kunst, Mathematik, Medizin, Philologie/Sprachen, Philosophie, Physik, Tiermedizin, Wirtschaftswissenschaften, Zahnmedizin.
Anschrift: Universidad de Extremadura, Plaza de los Caldereros, E-10071 Cáceres

Cádiz – Universidad de Cádiz
Fachrichtungen: u. a. Biologie, Chemie, Geografie, Geschichte, Ingenieurwissenschaften, Jura, Mathematik, Medizin, Pharmazie, Philologie/Sprachen, Philosophie, Physik, Verwaltungswissenschaften, Wirtschaftswissenschaften.
Anschrift: Universidad de Cádiz, Calle de Felipe Abarzuza 4, E-11002 Cádiz

Ciudad Real – Universidad de Castilla-La Mancha
Fachrichtungen: u. a. Agrarwissenschaft, Chemie, Geografie, Geschichte, Informatik, Ingenieurwissenschaften, Jura, Kunst, Mathematik, Musikwissenschaft, Philologie/Sprachen, Philosophie, Physik, Psychologie.
Anschrift: Universidad de Castilla-La Mancha, La Paloma 9, E-13071 Ciudad Real

Córdoba – Universidad de Córdoba
Fachrichtungen: u. a. Agrarwissenschaft, Biologie, Chemie, Geografie, Geschichte, Informatik, Ingenieurwissenschaften, Jura, Medizin, Philologie/Sprachen, Philosophie, Physik, Sozialwissenschaften, Tiermedizin, Verwaltungswissenschaft.

Anschrift: Universidad de Córdoba, Rectorado, Calle Alfonso XIII, 13, E-14071 Córdoba

Granada – Universidad de Granada
Fachrichtungen: u. a. Agrarwissenschaft, Biologie, Chemie, Design, Geologie, Geschichte, Informatik, Ingenieurwissenschaften, Jura, Mathematik, Medizin, Philologie/Sprachen, Philosophie, Physik, Psychologie, Sozialwissenschaften, Verwaltung, Wirtschaftswissenschaften, Zahnmedizin.
Anschrift: Universidad de Granada, Campus Universitario de Cartuja, E-18011 Granada

La Laguna – Universidad de la Laguna
Fachrichtungen: u. a. Agrarwissenschaft, Biologie, Chemie, Geografie, Geschichte, Jura, Mathematik, Medizin, Pharmazie, Philologie/Sprachen, Philosophie, Physik, Politikwissenschaft, Psychologie.
Anschrift: Universidad de la Laguna, E-38207 La Laguna/Tenerife

Las Palmas – Universidad de Las Palmas de Gran Canaria
Fachrichtungen: u. a. Ingenieurwissenschaften, Wasserwirtschaft, Wirtschaftswissenschaften.
Anschrift: Universidad de Las Palmas de Gran Canaria, Calle Alfonso XIII 2, E-35003 Las Palmas/Gran Canaria

León – Universidad de León
Fachrichtungen: u. a. Agrarwissenschaft, Biochemie, Biologie, Chemie, Design, Geografie, Geschichte, Gesundheitswesen, Ingenieurwissenschaften, Jura, Phi-

lologie/Sprachen, Psychologie, Sozialwissenschaften, Tiermedizin, Wirtschaftswissenschaften.
Anschrift: Universidad de León, E-24007 León

Madrid – Universidad Autónoma de Madrid
Fachrichtungen: u. a. Gesundheitswesen, Ingenieurwissenschaften, Jura, Wirtschaftswissenschaften.
Anschrift: Universidad Autónoma de Madrid, Carretera de Colmenar Viejo, E-28049 Madrid

Madrid – Universidad Complutense de Madrid
Fachrichtungen: u. a. Architektur, Biologie, Chemie, Geografie, Geschichte, Medizin, Pharmazie, Philologie/Sprachen, Philosophie, Physik, Tiermedizin, Wirtschaftswissenschaften.
Anschrift: Universidad Complutense de Madrid, Ciudad Universitaria, E-28040 Madrid

Madrid – Universidad Politécnica de Madrid
Fachrichtungen: u. a. Agrarwissenschaft, Informatik, Ingenieurwissenschaften, Technologie, Wasserwirtschaft.
Anschrift: Universidad Politécnica de Madrid, Avenida Ramiro de Maeztu 7, E-28040 Madrid

Madrid – Universidad Pontificia
Fachrichtungen: u. a. Jura, Philologie/Sprachen, Psychologie, Sozialwissenschaften, Theologie, Wirtschaftswissenschaften.
Anschrift: Universidad Pontificia, Canto Blanco, E-28049 Madrid

Málaga – Universidad de Málaga
Fachrichtungen: u. a. Biologie, Geografie, Geschichte, Ingenieurwissenschaften, Jura, Mathematik, Medizin, Philologie/Sprachen, Philosophie, Psychologie, Sozialwissenschaften, Wirtschaftswissenschaften.
Anschrift: Universidad de Málaga, Plaza del Ejido, Rectorado, E-29071 Málaga

Murcia – Universidad de Murcia
Fachrichtungen: u. a. Agrarwissenschaft, Biologie, Chemie, Ingenieurwissenschaften, Jura, Mathematik, Medizin, Philologie/Sprachen, Psychologie, Wasserwirtschaft, Wirtschaftswissenschaften, Zahnmedizin.
Anschrift: Universidad de Murcia, Santo Cristo, E-30001 Murcia

Oviedo – Universidad de Oviedo
Fachrichtungen: u. a. Biologie, Chemie, Geologie, Geschichte, Informatik, Ingenieurwissenschaften, Jura, Medizin, Philologie/Sprachen, Philosophie, Wirtschaftswissenschaften, Zahnmedizin.
Anschrift: Universidad de Oviedo, Arguelles 39, E-33003 Oviedo

Palma de Mallorca – Universidad de Las Islas Baleares
Fachrichtungen: u. a. Biochemie, Biologie, Chemie, Geografie, Geschichte, Informatik, Jura, Mathematik, Philologie/Sprachen, Philosophie, Psychologie, Sozialwissenschaften, Wirtschaftswissenschaften.
Anschrift: Universidad de Las Islas Baleares, C. Miquel de los Santos Oliver 2, E-07071 Palma de Mallorca

Salamanca – Universidad de Salamanca
Fachrichtungen: u. a. Biologie, Chemie, Geologie, Ingenieurwissenschaften, Jura, Kunst, Mathematik, Medizin, Musikwissenschaft, Pharmazie, Philologie/Sprachen, Philosophie, Physik, Psychologie, Sozialwissenschaften, Wirtschaftswissenschaften.
Anschrift: Universidad de Salamanca, Patio de las Escuelas 1, 37001 Salamanca

Santander – Universidad de Cantabria
Fachrichtungen: u. a. Geografie, Geschichte, Gesundheitswesen, Ingenieurwissenschaften, Jura, Mathematik, Medizin, Physik, Verwaltungswissenschaften, Wirtschaftswissenschaften.
Anschrift: Universidad de Cantabria, Pabellón de Gobierno, Avenida de los Castros, E-39005 Santander

Sevilla – Universidad de Sevilla
Fachrichtungen: u. a. Biologie, Geschichte, Informatik, Ingenieurwissenschaften, Jura, Mathematik, Medizin, Naturwissenschaften, Pharmazie, Philologie/Sprachen, Philosophie, Physik, Wirtschaftswissenschaften.
Anschrift: Universidad de Sevilla, Calle de San Fernando 4, E-41071 Sevilla

Valencia – Universidad de Valencia
Fachrichtungen: u. a. Biochemie, Biologie, Chemie, Geschichte, Informatik, Ingenieurwissenschaften, Jura, Mathematik, Medizin, Musikwissenschaft, Philologie/Sprachen, Philosophie, Physik, Psychologie, Wirtschaftswissenschaften.
Anschrift: Universidad de Valencia, Calle de la Nau 2, E-46003 Valencia

Valladolid – Universidad de Valladolid
Fachrichtungen: u. a. Biologie, Chemie, Geschichte, Gesundheitswesen, Informatik, Ingenieurwissenschaften, Jura, Mathematik, Naturwissenschaften, Philologie/Sprachen, Philosophie, Physik, Psychologie, Technologie, Wirtschaftswissenschaften.
Anschrift: Universidad de Valladolid, Plaza de Santa Cruz 8, E-47071 Valladolid

Zaragoza – Universidad de Zaragoza
Fachrichtungen: u. a. Agrarwissenschaft, Geografie, Geschichte, Ingenieurwissenschaften, Jura, Naturwissenschaften, Philologie/Sprachen, Wirtschaftswissenschaften.
Anschrift: Universidad de Zaragoza, Plaza de San Francisco s/n., E-50009 Zaragoza

Eine vollständige Liste der Hochschulen und Institute, Akademien und der Fernuniversität verschickt der Deutsche Akademische Austauschdienst, Kennedyallee 50, 53175 Bonn.

Ansprechpartner:

Botschaft der Bundesrepublik Deutschland, Calle de Fortuny 8, E-28010 Madrid
  Botschaft des Königreichs Spanien, Schloßstraße 4, 53115 Bonn
  Deutsches Kulturinstitut/Instituto Alemán de Cultura, Gran Via de les Corts 591, 3, E-08007 Barcelona
  Deutsches Kulturinstitut/Instituto Alemán, Calle Zurbarán, 21, E-28010 Madrid
  Ministerio de Educación y Ciencia, Sección de Información, Calle Alcalá, 36, E-28071 Madrid

Oficina Nacional Alemana de Turismo, Calle San Agustin, 2, E-28014 Madrid

Universidad Nacional de Educación á Distancia, Rheinallee 19, D-53171 Bonn; E-28040 Madrid

Türkei

Zum Land: Die Türkei, amtlich Türkiye Cumhuriyeti, mit ihrer Fläche von 780576 km² ist die Ausnahme in diesem Buch: Der Staat erstreckt sich sowohl auf europäischen wie auf asiatischen Boden. Seine Hauptstadt ist Ankara. Weitere große Städte sind Istanbul, Izmir, Adana, Bursa und Gaziantep. In dem Land leben knapp 60 Millionen Menschen. Staatssprache ist Türkisch, daneben gibt es zahlreiche Minderheiten, die Kurdisch, Arabisch, Aramäisch und Griechisch sprechen. Die Türkei ist in der Bundesrepublik hauptsächlich als Urlaubsziel bekannt. Doch über den Tourismus hinaus ist das Land mit seiner langen Geschichte für Studierende der Archäologie wichtig. Die große Anzahl in der Bundesrepublik lebender Türken – inzwischen ist bereits eine dritte Generation eingeschult – lassen vor allem für Lehramtstudierende Kenntnisse der türkischen Sprache sinnvoll erscheinen. In diesem Zusammenhang sei deshalb besonders auf die Sommerakademie hingewiesen.

Über den Aufenthaltszeitraum an der Sommerakademie hinaus bedarf es einer Genehmigung durch die türkischen Behörden. Der dafür notwendige Antrag für das sogenannte Studienvisum kann erst nach der erfolgreichen Immatrikulation an einer türkischen Hochschule gestellt werden.

Allgemeine Informationen/Fremdenverkehrsverein: Informationsabteilung des Türkischen Generalkonsulats, Baseler Straße 37, 60329 Frankfurt/Main, oder Karlsplatz 3, 80335 München

Studieren in der Türkei: Für detaillierte Informationen über das türkische Hochschulsystem und die Angebote für bundesdeutsche Studierende ist die Abteilung Bildungswesen der Türkischen Botschaft der geeignete Ansprechpartner. Die Mitarbeiter informieren ebenfalls über alle Institute höherer Bildung in der Türkei. Wer sich intensiver für eine spezielle Hochschule interessiert, sollte an die jeweilige Universität schreiben. Dort erhält man alle Informationen über Studienbedingungen, Lehrangebote und Formalitäten.

Eine Voraussetzung für das Studium an einer türkischen Universität ist das bundesdeutsche Abitur. Die endgültige Auswahl für Studierende wird durch das ÖSYM, Öğrenci Seçme ve Yerlestirme Merkezi, getroffen. Dieses Auswahlgremium prüft in Ankara die Bewerber für alle türkischen Universitäten. Auch in anderen Ländern, meist afrikanischen oder asiatischen, werden Prüfungen für Bewerber um Studienplätze in der Türkei abgehalten. Die Prüfung selbst besteht aus einem allgemeinen und einem Sprachtest. Eine Ausnahme bilden Graduierte. Sie können sich direkt bei der gewünschten Hochschule bewerben.

Jährlich bis Mitte Mai müssen die Bewerbungen – wahlweise in englischer oder türkischer Sprache – für das folgende Studienjahr beim ÖSYM beziehungsweise bei den Unis vorliegen. Den Papieren muß der Nachweis einer Überweisung für die Prüfung beigelegt werden in Höhe von derzeit (März 1996) 100 US$ oder dem gleichen Betrag in einer anderen Währung, die von der türkischen Bank akzeptiert wird.

Anschrift: ÖSYM-YÖS, TR-06538 Ankara – hier erhält man die jeweils aktuellen Bedingungen für den Studienaufenthalt in der Türkei.

Das Hochschulsystem: Nach einer ersten Schulphase folgt eine zweite Stufe. In dieser bestehen ein dreijähriger sowie ein vierjähriger technisch orientierter Ausbildungszug sowie zahlreiche Möglichkeiten, sich u. a. am Abend weiterbilden zu können. Über 50 private und staatliche Hochschulen und Universitäten bieten eine weitergehende Ausbildung für viele Fachgebiete an. Dafür zuständig ist das Bildungsministerium, das sich vom bereits 1857 gegründeten Maarif-i Umumiye Nezareti herleitet.

Über das Hochschulsystem der Türkei informieren folgende Broschüren, die man beim Türkischen Generalkonsulat anfordern kann: »Education in Turkey«, Reference Series No. 2, Ankara ³1995, und »Higher Education for Foreign Students in Turkey«, Ankara 1996.

Kosten und Förderungen: Die Studienkosten an türkischen Universitäten sind von unterschiedlicher Höhe, an den staatlichen Universitäten betragen sie für ein Studienjahr einige hundert Dollar, andere sind noch kostspieliger. So verlangt die private Koç Universität mehrere tausend Dollar pro Studienjahr. Zu diesen Kosten kommen noch die für den sonstigen Lebensunterhalt.

Der Deutsche Akademische Austauschdienst vergibt eine Reihe von Stipendien, die türkische Regierung stellt Stipendien für bundesdeutsche Graduierte zur Verfügung. BAföG-Ansprechpartner für Studierende, die ein Studienjahr in der Türkei absolvieren möchten, ist das Landesamt für Ausbildungsförderung Nordrhein-Westfalen, Theaterplatz 14, 52062 Aachen.

Sommerkurse an der Universität Istanbul: Kenntnisse des Türkischen sind für bundesdeutsche Studierende auch geisteswissenschaftlicher Fächer sinnvoll. Eine Möglichkeit, die Sprache zu erlernen, bietet die jährlich stattfindende Sommeruniversität, für die man sich bis Anfang Mai des jeweiligen Jahres anmelden kann. Die Kurse dauern ca. zwei Monate von Juli bis August. Die Kurse werden für Anfänger und Fortgeschrittene angeboten. Unterrichtszeit ist halbtags von jeweils Montag bis Donnerstag, es findet eine Abschlußprüfung statt. Während der Kurse kann man in einem Studentenheim zu ermäßigten Preisen unterkommen. Die Anzahl der Kursteilnehmer ist begrenzt. Für diese Kurse muß der Studierende persönlich vorstellig werden, die Kursgebühr beträgt im Moment (März 1996) 500 DM.

Anschrift: Istanbul Üniversitesi Yabanci Diller Bölümü Dili Yaz Kurslari, Kirazli Mescit Sokak No. 31, Süleymaniye, TR-34470 İstanbul

Hochschulen/Institute:

Adena – Çukurova Üniversitesi
Fachrichtungen: u. a. Agrarwissenschaft, Architektur, Biologie, Ethnologie, Geschichte, Ingenieurwissenschaften, Kunstgeschichte, Mathematik, Medizin, Phi-

lologie/Sprachen, Physik, Sozialwissenschaften, Tiermedizin, Tourismus.
Anschrift: Çukurova Üniversitesi, Rektörlüğü, TR-01330 Balcali-Adana

Ankara – Ankara Üniversitesi
Fachrichtungen: u. a. Archäologie, Architektur, Ethnologie, Geschichte, Ingenieurwissenschaften, Mathematik, Medizin, Pharmazie, Philologie/Sprachen, Sozialwissenschaften, Tiermedizin, Wirtschaftswissenschaften.
Anschrift: Ankara Üniversitesi, Rektörlüğü, TR-06100 Tandoğan-Ankara

Ankara – Baskent Üniversitesi
Fachrichtungen: u. a. Biologie, Ingenieurwissenschaften, Medizin, Philologie/Sprachen (speziell Amerikanische Literaturwissenschaft), Physik, Tourismus, Wirtschaftswissenschaften.
Anschrift: Baskent Üniversitesi, Rektörlüğü, Fevzi Çakmak Cad. 10. Sok. No. 45, TR-06490 Bahçelievler-Ankara

Ankara – Bilkent Üniversitesi
Fachrichtungen: u. a. Architektur, Biologie, Geschichte, Ingenieurwissenschaften, Kunstgeschichte, Mathematik, Medizin, Philologie/Sprachen, Physik, Tourismus, Wirtschaftswissenschaften.
Anschrift: Bilkent Üniversitesi, Rektörlüğü, TR-06533 Bilkent-Ankara

Ankara – Gazi Üniversitesi
Fachrichtungen: u. a. Archäologie, Architektur, Biologie, Geschichte, Ingenieurwissenschaften, Kunstgeschichte, Mathematik, Medizin, Pharmazie, Philologie/Sprachen, Physik, Sozialwissenschaften, Tourismus, Wirtschaftswissenschaften.
Anschrift: Gazi Üniversitesi, Rektörlüğü, TR-06500 Teknikokullar-Ankara

Ankara – Hacettepe Üniversitesi
Fachrichtungen: u. a. Archäologie, Architektur, Biologie, Geschichte, Ingenieurwissenschaften, Kunstgeschichte, Mathematik, Pharmazie, Philologie/Sprachen, Physik, Sozialwissenschaften, Tiermedizin, Wirtschaftswissenschaften.
Anschrift: Hacettepe Üniversitesi, Rektörlüğü, TR-06100 Ankara

Ankara – Orta Doğu Teknik Üniversitesi
Fachrichtungen: u. a. Mathematik, Philologie/Sprachen, Physik.
Anschrift: Orta Doğu Teknik Üniversitesi, Rektörlüğü, TR-06531 Ankara

Aydın – Adnan Menderes Üniversitesi
Fachrichtungen: u. a. Agrarwissenschaft, Mathematik, Medizin, Tiermedizin, Tourismus, Wirtschaftswissenschaften.
Anschrift: Adnan Menderes Üniversitesi, Rektörlüğü, Gazi Bulvari 39. Sokak, TR-09100 Aydın

Balikeşir – Balikesir Üniversitesi
Fachrichtungen: u. a. Ingenieurwissenschaften, Philologie/Sprachen, Wirtschaftswissenschaften.
Anschrift: Balikeşir Üniversitesi, Rektörlüğü, Soma Caddesi, TR-10100 Balikeşir

Bolu – Abant Izzet Baysal Üniversitesi
Fachrichtungen: u. a. Biologie, Medizin, Philologie/Sprachen, Physik, Sozialwissenschaften, Wirtschaftswissenschaften.
Anschrift: Abant Izzet Baysal Üniversitesi, Rektörlüğü, Gölköy Kampüsü, TR-14280 Bolu

Çanakkale – Onsekiz Mart Üniversitesi
Fachrichtungen: u. a. Archäologie, Architektur, Biologie, Ethnologie, Geschichte, Ingenieurwissenschaften, Kunstgeschichte, Mathematik, Medizin, Philologie/Sprachen, Physik, Sozialwissenschaften, Tourismus, Wirtschaftswissenschaften.
Anschrift: Onsekiz Mart Üniversitesi, Rektörlüğü, TR-17100 Çanakkale

Diyarbakır – Dicle Üniversitesi
Fachrichtungen: u. a. Agrarwissenschaft, Architektur, Biologie, Geschichte, Ingenieurwissenschaften, Mathematik, Medizin, Philologie/Sprachen, Physik, Tiermedizin, Wirtschaftswissenschaften.
Anschrift: Dicle Üniversitesi, Rektörlüğü, TR-21280 Diyarbakır

Edirne – Trakya Üniversitesi
Fachrichtungen: u. a. Mathematik, Philologie/Sprachen.

Anschrift: Trakya Üniversitesi, Rektörlüğü, TR-22030 Edirne

Eskişehir – Anadolu Üniversitesi
Fachrichtungen: u. a. Archäologie, Architektur, Biologie, Geschichte, Ingenieurwissenschaften, Kunstgeschichte, Mathematik, Pharmazie, Philologie/Sprachen, Sozialwissenschaften, Tourismus, Wirtschaftswissenschaften.
Anschrift: Anadolu Üniversitesi, Rektörlüğü, Yunus Emre Kampüsü, TR–26470 Eskişehir

Erzurum – Atatürk Üniversitesi
Fachrichtungen: u. a. Biologie, Ethnologie, Medizin, Geschichte, Ingenieurwissenschaften, Kunstgeschichte, Mathematik, Philologie/Sprachen, Physik, Sozialwissenschaften, Wirtschaftswissenschaften.
Anschrift: Atatürk Üniversitesi, Rektörlüğü, TR-25050 Erzurum

Gaziantep – Gaziantep Üniversitesi
Fachrichtungen: u. a. Geschichte, Ingenieurwissenschaften, Mathematik, Philologie/Sprachen, Physik, Wirtschaftswissenschaften.
Anschrift: Gaziantep Üniversitesi, Rektörlüğü, TR-27310 Gaziantep

İstanbul – Boğaziçi Üniversitesi
Fachrichtungen: u. a. Biologie, Geschichte, Ingenieurwissenschaften, Mathematik, Philologie/Sprachen, Physik, Sozialwissenschaften, Tourismus, Wirtschaftswissenschaften.
Anschrift: Boğaziçi Üniversitesi, Rektörlüğü, TR-80815 Bebek-Istanbul

İstanbul – Galatasaray Üniversitesi
Fachrichtungen: u. a. Ingenieurwissenschaften, Jura, Philologie/Sprachen, Physik, Wirtschaftswissenschaften.
Anschrift: Galatasaray Üniversitesi, Rektörlüğü, TR-80084 Ortaköy-Istanbul

İstanbul – İstanbul Teknik Üniversitesi
Fachrichtungen: u. a. Archäologie, Architektur, Ingenieurwissenschaften, Mathematik, Medizin, Philologie/Sprachen, Physik, Tourismus.
Anschrift: İstanbul Teknik Üniversitesi, Rektörlüğü, Ayazağa Kampüsü, TR-80626 Maslak-Istanbul

İstanbul – İstanbul Üniversitesi
Fachrichtungen: u. a. Archäologie, Biologie, Geschichte, Ingenieurwissenschaften, Jura, Kunstgeschichte, Mathematik, Philologie/Sprachen, Physik, Sozialwissenschaften, Tiermedizin, Wirtschaftswissenschaften.
Anschrift: İstanbul Üniversitesi, Rektörlüğü, TR-34452 Istanbul

İstanbul – Koç Üniversitesi
Fachrichtungen: u. a. Geschichte, International Relations and Business Administration (Unterrichtssprache Englisch), Mathematik, Philologie/Sprachen, Physik, Sozialwissenschaften, Wirtschaftswissenschaften.
Anschrift: Koç Üniversitesi, Rektörlüğü, Cayir Caddesi, TR-80860 İnstinye-İstanbul

İstanbul – Marmara Üniversitesi
Fachrichtungen: u. a. Architektur, Biologie, Geschichte, Ingenieurwissenschaften, Mathematik, Medizin, Pharmazie, Philologie/Sprachen, Physik, Tourismus, Wirtschaftswissenschaften.
Anschrift: Marmara Üniversitesi, Rektörlüğü, TR-34413 Sultanahmet-İstanbul

İstanbul – Mimar Sinan Üniversitesi
Fachrichtungen: u. a. Architektur, Geschichte, Mathematik, Medizin, Philologie/Sprachen, schöne Künste als Schwerpunkt, Sozialwissenschaften, Stadtplanung.
Anschrift: Mimar Sinan Üniversitesi, Rektörlüğü, TR-80040 İstanbul

İstanbul – Yıldız Teknik Üniversitesi
Fachrichtungen: u. a. Architektur, Ingenieurwissenschaften, Kunstgeschichte, Mathematik, Medizin, Philologie/Sprachen (Schwerpunkt Romanistik/Französisch), Physik, Wirtschaftswissenschaften.
Anschrift: Yıldız Teknik Üniversitesi, Rektörlüğü, TR-80750 Besiktaş-İstanbul

İzmir – Ege Üniversitesi
Fachrichtungen: u. a. Ingenieurwissenschaften, Philologie/Sprachen, Wirtschaftswissenschaften.
Anschrift: Ege Üniversitesi Rektörlüğü, TR-35040 Izmir

Izmir – İzmir Yüksek Teknoloji Enstitüsü
Fachrichtungen: u. a. Architektur, Biologie, Ingenieurwissenschaften, Mathematik, Medizin, Philologie/ Sprachen (kein Englisch), Physik.
Anschrift: İzmir Yüksek Teknoloji Enstitüsü, Rektör-

lüğü, Anafartalar Caddesi No. 904, TR-35230 Basmane-İzmir

Kampüs/Antalya – Akdeniz Üniversitesi
Fachrichtungen: u. a. Agrarwissenschaft, Archäologie, Biologie, Geschichte, Mathematik, Medizin, Philologie/Sprachen, Physik, Tourismus, Wirtschaftswissenschaften.
Anschriften: Akdeniz Üniversitesi, Rektörlüğü, Dumlupınar Bulvari, TR-07003 Kampüs/Antalya

Kayseri – Erciyes Üniversitesi
Fachrichtungen: u. a. Architektur, Geschichte, Ingenieurwissenschaften, Kunstgeschichte, Mathematik, Philologie/Sprachen, Physik, Tourismus, Wirtschaftswissenschaften.
Anschrift: Erciyes Üniversitesi, Rektörlüğü, TR-38039 Kayseri

Kütahya – Dumplupınar Üniversitesi
Fachrichtungen: u. a. Biologie, Geschichte, Mathematik, Philologie/Sprachen, Physik, Sozialwissenschaften, Tiermedizin, Wirtschaftswissenschaften.
Anschrift: Dumlupınar Üniversitesi, Rektörlüğü, TR-43100 Çamlibahce-Kütahya

Manisa – Celal Bayar Üniversitesi
Fachrichtungen: u. a. Biologie, Geschichte, Ingenieurwissenschaften, Mathematik, Philologie/Sprachen, Wirtschaftswissenschaften.
Celal Bayar Üniversitesi, Rektörlüğü, TR-45040 Manisa

Tokat – Gaziosmanpaşa Üniversitesi

Fachrichtungen: u. a. Agrarwissenschaft, Biologie, Geschichte, Mathematik, Philologie/Sprachen, Physik, Sozialwissenschaften, Tourismus, Wirtschaftswissenschaften.

Anschrift: Gaziosmanpaşa Üniversitesi, Rektörlüğü, TR-60100 Tokat

Über alle Hochschulen und weitere Adressen informieren die Botschaft und die Konsulate der Türkei. Erster Ansprechpartner ist die Türkische Botschaft, Abt. Bildungswesen, Utestraße 47, 53179 Bonn

Ansprechpartner:

Botschaft der Republik Türkei, Utestraße 47, 53179 Bonn

Botschaft der Bundesrepublik Deutschland, Atatürk Bulvari 114, TR-06680 Kavaklidere-Ankara

Generalkonsulat der Bundesrepublik Deutschland, PK 355, Inönü Caddesi 16–18, TR-80073 Istanbul-Beyoglu

Generalkonsulat der Bundesrepublik Deutschland, Selim Hatun Camii Cad. 46, TR-80073 İstanbul-Ayazpasa

Alman Kültür Merkezi, Deutsches Kulturinstitut, Atatürk Bulvari 131, TR-06640 Bakanlikar-Ankara

Alman Kültür Merkezi, Deutsches Kulturinstitut, Istikâl Cad. 286/3 Odakule, TR-80050 Beyogly-Istanbul

Alman Kültür Merkezi, Deutsches Kulturinstitut, Posta Kutusu 348, Gazi Osman Pase Bulvari 13, TR-35210 Izmir

Osteuropa – Adressen von Ansprechpartnern

Nach dem Fall der Berliner Mauer hat sich die Landkarte auch für Studierende verändert. Eine Studienphase in den Nachbarländern der EU kann heute sinnvoll sein. Das gilt nicht nur für Studierende der jeweiligen Sprache und Kultur, sondern auch für andere Fächer wie beispielsweise Medizin. Außer den regulären Angeboten stehen Sommeruniversitäten in vielen Ländern Osteuropas offen. Die Angebote werden mit Bestimmtheit ausgeweitet, so daß sich da Nachfragen im einen oder anderen Land sicherlich lohnen können.

Ansprechpartner: Aufgeführt werden die jeweiligen Botschaften, Goethe-Institute sowie Anschriften einiger ausgewählter Universitäten. Der Deutsche Akademische Austauschdienst und/oder das Österreichische Dokumentationszentrum für Auslandsstudien informieren im Detail über Studienorte, Angebote und das Leben in dem jeweiligen Land.

Polen BAföG-Ansprechpartner: Kreisverwaltung Mainz-Bingen, Amt für Ausbildungsförderung, Kaiser-Wilhelm-Ring 31–33, 55118 Mainz

Botschaft der Bundesrepublik Deutschland, ul. Dabrowiecka 30, PL-03-932 Warschau

Botschaft der Republik Polen, Lindenallee 7, 50968 Köln

Crako's Student Council, Akademia Gorniczo-Hutnicza, al. Mickienicza 30, PL-30-059 Krakow

Goethe-Institut, Rynek Glowny 20, PL-31-045 Krakow

Goethe-Institut, Plac Defilad 1, PL-00-901 Warszawa

Instytut Jezyka i Kultury Polskiej dla Cudzoziemców Polonicum, Krakowskie Przedmiescie, PL-00-927 Warszawa (Institut für polnische Sprache für Ausländer an der Universität)

International University of Lodz, Skorvpki 10/12, PL 90-532 Lodz

Ogolnopolskie Porozumienie Samorzadów Sdudenckich, ul. Rybacka 1, PL-70-204 Szczecin (generelle Übersicht über das Studieren in Polen)

Uniwersytet Gdański, ul. Bazyńskiego 1a, PL-80-952 Gda´nsk

Uniwersytet Szczeciński, Zamek Ksiażat Pomorskich, ul. Korsarzy 1, PL-7-540 Szczecin

Uniwersytet Warszawski, ul. Krakowskie Przedmie´scie, PL-00-325 Warszawa

Warsaw University of Technology, Center for English-Medium Studies, Plac Politechnik 1, PL-00-661 Warszawa

Rußland BAföG-Ansprechpartner: Kreisverwaltung Mainz-Bingen, Amt für Ausbildungsförderung, Kaiser-Wilhelm-Ring 31-33, 55118 Mainz

Botschaft der Bundesrepublik Deutschland, UL. Mosfilmowskaja 56, RF-119 285 Moskau

Botschaft der Russischen Förderation, Waidstraße 42, 53117 Bonn

Goethe-Institut, Lenskij Prospekt 95a, RF-117 313 Moskau

Koordination Russischer Universitäten: ICIEP, Petrovka Str. 27, MATI, RF-103 767 Moskau (Interuni-

versitäres Zentrum für russische Universitäten von St. Petersburg, Moskau bis Novosibirsk)
State Committee for Higher Education, Shabolovka Str. 33, RF-113 819 Moskau

Slowakei BAföG-Ansprechpartner: Kreisverwaltung Mainz-Bingen, Amt für Ausbildungsförderung, Kaiser-Wilhelm-Ring 31–33, 55118 Mainz
Botschaft der Bundesrepublik Deutschland, Palisády 47, SR-81303 Bratislava
Botschaft der Slowakischen Republik, August-Bier-Straße 31, 53129 Bonn
Goethe-Institut, Konventná 1, SR-81482 Bratislava
Slovenska technicka univerzita v Bratislave, Ma. slobody 17, SQ-81243 Bratislava (Technische Universität)
Univerzita Komenskeho, Safarikovo nam. 6, SQ-81806 Bratislava

Slowenien BAföG-Ansprechpartner: Studentenwerk Marburg, Erlenring 5, 35037 Marburg
Botschaft der Bundesrepublik Deutschland, Presernova 27, 61000 Ljubljana
Botschaft der Republik Slowenien, Siegfriedstraße 28, 53179 Bonn
Universza v Ljubljani, Kongresni tg. 11, SLO-61000 Ljubljana

Tschechien BAföG-Ansprechpartner: Kreisverwaltung Mainz-Bingen, Amt für Ausbildungsförderung, Kaiser-Wilhelm-Ring 31–33, 55118 Mainz
Botschaft der Bundesrepublik Deutschland, Vlasská 19, Malá Strana, CZ-12560 Prag 1

Botschaft der Tschechischen Republik, Ferdinandstraße 27, 53127 Bonn

Goethe-Institut, Masarykovo, Nabrezi 32, CR-11000 Prag 1

Vysoka skola ekonomicka v Praze, Nam. W. Churchilla 4, CR-13067 Praha 3

Univerzita Karlova v Praze, Ovocny trh. 5, CR-11636 Praha 1

Ungarn BAföG-Ansprechpartner: Kreisverwaltung Mainz-Bingen, Amt für Ausbildungsförderung, Kaiser-Wilhelm-Ring 31–33, 55118 Mainz

Botschaft der Bundesrepublik Deutschland, Stefánia út 101–103, H-1143 Budapest XIV.

Botschaft der Republik Ungarn, Turmstraße 30, 53175 Bonn

Budapesti Közgazdaságtudományi Egyetem, Fövám tér, H-1093 Budapest (Ökonomische Studien)

Budapesti Müszaki Egyetem, Müegyetem rakpart, H-1111 Budapest (technische und ingenieurwissenschaftliche Fächer)

Goethe-Institut, Andrássy út 24, H-1061 Budapest VI

Nationale Union der Ungarischen Studenten, Maroly Milhaly 14, H-1053 Budapest

Ungarische Rektorenkonferenz, Ajosi Durer Sor 19–21, Haus der Professoren, H-1146 Budapest

Ungarische Akademie der Künste, Andrassy út 69–71, H-1062 Budapest

Register der Fächer

Um das Register übersichtlich und handhabbar zu halten, sind verwandte Fächer in Gruppen zusammengefaßt. Das bedeutet im Einzelfall nicht, daß die Fächer identisch sind; beispielsweise ist das Medizinstudium anders ausgerichtet als das Fach Gesundheitswesen. Sehr spezielle oder sehr selten vorkommende Fächer sind nicht erfaßt.

Agrarwissenschaft/Wasserwirtschaft/Umwelttechnologie

Belgien
Brüssel 20
Gembloux 21
Löwen 22
Lüttich 22

Dänemark
Kopenhagen 31

Finnland
Helsinki 39
Joensuu 41

Frankreich
Toulouse 66
Vandœvre les Nancy 67

Griechenland
Athen 72
Iraklion 74
Thessaloniki 75

Großbritannien
Aberdeen 81
Aberystwyth 82
Belfast 82
Edinburgh 85
Glasgow 85
Leeds 86
Leicester 87
Newcastle 89
Oxford 89

Irland
Dublin 99

Italien
Ancona 106
Bari 106
Bergamo 107
Bologna 107
Camphobasso 108
Catania 108
Florenz 109
Mailand 111
Neapel 112
Padova 112
Palermo 112
Parma 113
Perugia 113
Pisa 114
Potenza 114
Regio Calabria 114
Sassari 115
Turin 117
Viterbo 118

Niederlande
Tilburg 132
Wageningen 133

Norwegen
Alta 140
Ås 140
Mørkved 141
Oslo 142

214 Register der Fächer

Rena 142
Sogndal 142
Stavanger 142
Steinkjer 143

Österreich
Wien 151

Portugal
Beja 157
Braganca 157
Coimbra 157
Faro 158
Lissabon 161
Santarém 162

Viana do Castelo 163
Vila Real 163

Schweden
Göteborg 169
Uppsala 175

Schweiz
Lausanne 182
Zürich 183

Spanien
Barcelona 189
Cáceres 189
Ciudad Real 190

Córdoba 190
Granada 191
La Laguna 191
Las Palmas 191
León 191
Madrid 192
Murcia 193
Zaragoza 195

Türkei
Adena 199
Aydin 201
Diyarbakir 202
Kampüs/Antalya 205

Anthropologie/Ethnologie

Belgien
Lüttich 22

Frankreich
Bordeaux 52
Brest 52
Lyon 56
Strasbourg 64

Großbritannien
London 88

Irland
Dublin 99
Galway 100
Maynooth 101

Portugal
Lissabon 161

Türkei
Adena 199
Ankara 200
Çankkale 202
Erzurum 203

Architektur/Innenarchitektur/Bauingenieurwesen

Belgien
Brüssel 19
Löwen 22
Lüttich 22
Mons 23

Finnland
Helsinki 40
Lappeenranta 42
Oulu 42
Tampere 43

Frankreich
Lyon 56

Griechenland
Athen 73
Komotini 74

Großbritannien
Bath 82
Cambridge 84
Cardiff 84
Edinburgh 85
Huddersfield 86

Hull 86
Leicester 87
Liverpool 87
Manchester 88
Oxford 89
Sheffield 90

Irland
Dublin 99
Waterford 101

Italien
Bari 107

Register der Fächer

Camerino 108
Chieti 108
Ferrara 109
Florenz 109
Genua 109
Mailand 110
Neapel 112
Palermo 112
Regio Calabria 114
Rom 114f.
Turin 116
Venedig 117

Niederlande
Amsterdam 126
Arnheim 127
Delft 127
Den Haag 128
Eindhoven 128
Enschede 129
Groningen 129
Harlem 130
Heerlen 130
Rotterdam 131

Tilburg 132
Utrecht 132
Vlissingen 133
Wageningen 133
Zwolle 134

Norwegen
Trondheim 143

Österreich
Graz 148
Innsbruck 148
Linz 149
Wien 150

Portugal
Coimbra 158
Évora 158
Lissabon 160f.
Porto 162
Santarém 162

Schweden
Göteborg 169

Halmstad 170

Schweiz
Biel 181
Genf 181
Horw 182
Lausanne 182
Zürich 183

Spanien
Barcelona 189
Madrid 192

Türkei
Adena 199
Ankara 200f.
Çankkale 202
Diyarbakir 202
Erkisehir 202
Istanbul 203ff.
Izmir 205
Kayseri 206

Film/Theater/Kommunikations- und Medienwissenschaften

Belgien
Brüssel 20
Löwen 22

Dänemark
Århus 30

Finnland
Helsinki 39f.
Jyväskyla 41
Oulu 42
Tampere 43

Frankreich
Lyon 56

Griechenland
Athen 72

Irland
Dublin 98

Norwegen
Bergen 140
Lillehammer 141
Mørkved 141
Rena 142
Stavanger 142
Trondheim 143
Volda 144

Österreich
Salzburg 150
Wien 150

Portugal
Coimbra 158

Lissabon 160

Schweden
Gävle 169
Göteborg 169
Halmstad 170
Jönköping 170
Skövde 173

Schweiz
Fribourg 181

Spanien
Alicante 188

Geografie/Geologie

Belgien
Brüssel 20
Gent 21
Löwen 21f.
Lüttich 22
Mons 23

Dänemark
Århus 30
Kopenhagen 31
Roskilde 32

Finnland
Helsinki 39
Joensuu 41
Oulu 42
Tampere 43
Turku 43f.

Frankreich
Amiens 51
Angers 51
Avignon 51
Besançon 52
Brest 52
Caen 52
Chambéry 53
Créteil 54
Dijon 54
Grenoble 54
Le Havre 55
Lille 55
Limoges 56
Lyon 56
Marseille 57
Metz 57
Montpellier 58
Mont-Saint-Aignan 58
Nancy 59
Nanterre 59
Nantes 59
Nizza 60
Orléans 60
Paris 60ff.
Pau 62
Poitiers 63
Reims 63
Rennes 63
Saint-Denis 64
Saint-Etienne 64
Strasbourg 64
Talence 65
Toulouse 66
Tours 66
Vandœvre les Nancy 67
Villeneuve d'Ascq 67

Griechenland
Athen 72
Komotini 74
Patras 74
Thessaloniki 75

Großbritannien
Aberystwyth 82
Cambridge 84
London 88
Oxford 90

Irland
Cork 97
Dublin 99f.
Galway 100
Limerick 100
Maynooth 101

Italien
Bergamo 107
Neapel 111
Palermo 112

Niederlande
Amsterdam 126
Groningen 129
Utrecht 132

Norwegen
Alta 140
Ås 140
Bergen 140
Lillehammer 141
Mørkved 141
Oslo 142
Sogndal 142
Stavanger 142
Tromsø 143
Trondheim 143
Volda 144

Österreich
Graz 148
Innsbruck 148
Klagenfurt 149
Salzburg 150
Wien 150f.

Portugal
Aveiro 157
Coimbra 158
Lissabon 160f.
Porto 162
Santarém 162

Schweden
Göteborg 169
Kalmar 171
Karlstad 171
Stockholm 173

Schweiz
Zürich 183

Spanien
Alcalá de Henares 188
Alicante 188
Barcelona 189
Cáceres 189
Cádiz 190
Ciudad Real 190
Córdoba 190
Granada 191
La Laguna 191
León 191
Madrid 192

Málaga 192
Oviedo 193

Palma de Mallorca 193
Salamanca 193

Santander 194
Zaragoza 195

Geschichte/Archäologie

Belgien
Brüssel 18, 20
Gent 21
Löwen 21f.
Lüttich 22
Namur 23

Dänemark
Århus 30
Kopenhagen 31
Odense 31

Finnland
Helsinki 39
Joensuu 41
Jyväskyla 41
Oulu 42
Tampere 43
Turku 43f.

Frankreich
Amiens 51
Angers 51
Avignon 51
Besançon 52
Brest 52
Caen 52
Chambéry 53
Clermont-Ferrand 53
Créteil 54
Dijon 54
Grenoble 55
Le Havre 55
Limoges 56
Lyon 56
Metz 57
Montpellier 58
Mont-Saint-Aignan 58
Mulhouse 58
Nancy 59
Nanterre 59
Nantes 59
Nizza 60
Orléans 60
Orsay 60
Paris 60ff.
Pau 62
Perpignan 62
Poitiers 63
Reims 63
Rennes 63
Saint-Denis 64
Saint-Etienne 64
Strasbourg 64
Talence 65
Toulouse 66
Tours 66
Vielleneuve d'Ascq 67

Griechenland
Athen 72
Ioannina 74
Rethymnon 75

Großbritannien
Aberystwyth 82
Cambridge 84
London 88
Oxford 90

Irland
Cork 97
Dublin 99f.
Galway 100
Limerick 100
Maynooth 101

Niederlande
Rotterdam 131
Tilburg 132

Norwegen
Bergen 140
Lillehammer 141
Mørkved 141
Oslo 142
Sogndal 142
Stavanger 142
Tromsø 143
Trondheim 143
Volda 144

Österreich
Graz 148
Innsbruck 148
Klagenfurt 149
Linz 149
Salzburg 150
Wien 151

Portugal
Braga 157
Coimbra 158
Évora 158
Lissabon 159, 160f.
Ponta Delgada/Azoren 161
Porto 162

Schweden
Göteborg 169
Karlstad 171
Stockholm 173
Ulmeå 174
Växjö 175

Schweiz
Basel 180
Bern 181

Spanien
Alcalá de Henares 188
Barcelona 189
Bilbao 189
Cáceres 189
Cádiz 190
Ciudad Real 190
Córdoba 190
Granada 191

La Laguna 191
León 191
Madrid 192
Málaga 192
Oviedo 193
Palma de Mallorca 193
Santander 194
Sevilla 194
Valencia 194
Valladolid 194
Zaragoza 195

Türkei
Adena 199
Ankara 200f.
Çankkale 202
Diyarbakir 202
Erkisehir 202
Erzurum 203
Gaziantep 203
Istanbul 203ff.
Kampüs/Antalya 205
Kayseri 206
Kütahya 206
Manisa 206

Informatik/Computertechnologie

Belgien
Antwerpen 18
Brüssel 20
Gent 21
Löwen 21f.
Lüttich 22
Mons 23
Namur 23
Wilrijk-Antwerpen 23f.

Dänemark
Kopenhagen 31
Lyngby 31
Roskilde 32

Finnland
Helsinki 40
Joensuu 41
Kuopio 41
Oulu 42
Vaasa 44

Frankreich
Amiens 51
Besançon 52
Brest 52
Caen 52
Dijon 54
Grenoble 54f.

Marseille 57
Metz 57
Montpellier 58
Mont-Saint-Aignan 58
Nancy 59
Nantes 59
Nizza 60
Orléans 60
Orsay 60
Paris 61f.
Pau 62
Rennes 63
Saint-Denis 64
Strasbourg 64
Toulon 65
Toulouse 66
Vielleneuve d'Ascq 67
Villeurbanne 68

Griechenland
Athen 72f.
Komotini 74
Rethymnon 75
Thessaloniki 75

Großbritannien
Birmingham 82
Bristol 83

Hatfield 85
Huddersfield 86
Hull 86
Leicester 87
Oxford 89
Sheffield 90

Irland
Cork 97
Dublin 98ff.
Limerick 101
Maynooth 101

Italien
L'Aquila 106
Bologna 107
Genua 109
Turin 117
Udine 117
Venedig 118

Niederlande
Alkmaar 126
Amsterdam 126f.
Arnheim 127
Delft 127
Den Haag 128
Eindhoven 128
Emmen 129
Enschede 129

Register der Fächer

Groningen 129
Heerlen 130
Leiden 130
Nijmegen 130
Rotterdam 131
Utrecht 132

Norwegen
Alta 140
Bergen 140
Kanebogen 141
Mørkved 141
Oslo 142
Rena 142
Stavanger 142
Steinkjer 143
Trondheim 143

Österreich
Graz 148
Innsbruck 148
Klagenfurt 149
Linz 149
Salzburg 150
Wien 150f.

Portugal
Braga 157
Braganca 157
Coimbra 158
Corvilha 158
Faro 158
Guarda 159
Lissabon 159, 160f.
Ponta Delgada/Azoren 161
Porto 162
Santarém 162
Setúbal 162
Viana do Castelo 163

Schweden
Borås 168
Falun 168
Göteborg 169
Halmstad 170
Karlskrona 171
Kristianstad 171
Linköping 172
Luleå 172
Lund 172

Örebro 172
Trollhättan 174
Väterås 175
Växjö 175

Schweiz
Biel 181
Horw 182
Lausanne 182
Zürich 183

Spanien
Barcelona 189
Bilbao 189
Cáceres 190
Ciudad Real 190
Córdoba 190
Granada 191
Madrid 192
Oviedo 193
Palma de Mallorca 193
Sevilla 194
Valencia 194
Valladolid 194

Ingenieurwissenschaften/Technik

Belgien
Brüssel 19f.
Gent 21
Löwen 21
Lüttich 22
Mons 23

Dänemark
Ålborg 30
Lyngby 31

Finnland
Helsinki 40
Lappeenranta 42
Oulu 42
Tampere 43
Turku 43

Frankreich
Aix-en-Provence 50f.
Amiens 51
Besançon 52
Brest 52
Caen 52
Chambéry 53
Clermont-Ferrand 53
Compiègne 53
Corte 54
Créteil 54
Grenoble 54f.
Limoges 56
Marseille 57
Metz 57
Montpellier 58

Mont-Saint-Aignan 58
Nancy 59
Nanterre 59
Nantes 59
Nizza 60
Orléans 60
Paris 61f.
Pau 62
Perpignan 62
Poitiers 63
Reims 63
Saint-Denis 64
Saint-Etienne 64
Strasbourg 64
Talence 65
Toulouse 66

Vandœvre les Nancy 67
Villeneuve d'Ascq 67
Villeurbanne 68

Griechenland
Athen 72f.
Ioannina 74
Iraklion 74
Komotini 74
Patras 74
Piraeus 75
Thessaloniki 75

Großbritannien
Aberdeen 81
Bath 82
Belfast 82
Birmingham 82
Bradford 83
Bristol 83
Coventry 84
Dundee 85
Glasgow 85
Hatfield 85
Huddersfield 86
Hull 86
Kingston upon Thames 86
Leeds 86
Leicester 87
Liverpool 87
London 88
Manchester 88
Newcastle 89
Nottingham 89
Sheffield 90
Southampton 90
Wolverhampton 91
York 91

Irland
Bishopstown 97
Carlow 97
Cork 97
Dublin 97–100
Galway 100
Limerick 101

Sligo 101

Italien
Ancona 106
L'Aquila 106
Bari 107
Bologna 107
Brescia 107
Cassino 108
Consenza 109
Genua 109
Lecce 110
Mailand 110
Messina 111
Modena 111
Neapel 112
Padova 112
Palermo 112
Parma 113
Pavia 113
Perugia 113
Pisa 114
Potenza 114
Regio Calabria 114
Rom 114f.
Salerno 115
Triest 116
Turin 116

Niederlande
Alkmaar 126
Amsterdam 126
Arnheim 127
Delft 127
Den Haag 128
Eindhoven 128
Emmen 129
Enschede 129
Groningen 129
Harlem 130
Heerlen 130
Rijswijk 131
Rotterdam 131
Tilburg 132
Utrecht 132
Venlo 133
Vlissingen 133
Zwolle 134

Norwegen
Alta 140
Ås 140
Bergen 140
Kanebogen 141
Lillehammer 141
Stavanger 142
Tromsø 143
Trondheim 143

Österreich
Graz 148
Innsbruck 148
Loeben 149
Linz 149
Wien 150f.

Portugal
Aveiro 157
Braga 157
Coimbra 158
Corvilha 158
Évora 158
Guarda 159
Lissabon 159ff.
Portalegre 161
Porto 161f.
Santarém 162
Setúbal 162
Viana do Castelo 163
Vila Real 163

Schweden
Boden 168
Borås 168
Falun 168
Gävle 169
Göteborg 169
Härnösand 170
Hamlstad 170
Jönköping 170
Kalmar 171
Karlskrona 171
Karlstad 171
Kristianstad 171
Linköping 172
Luleå 172
Örebro 173

Register der Fächer 221

Skövde 173
Stockholm 173
Trollhättan 174
Uppsala 175
Väterås 175
Växjö 175

Schweiz
Biel 181
Horw 182
Lausanne 182
Zürich 183

Spanien
Alicante 188
Barcelona 189

Cáceres 190
Cádiz 190
Ciudad Real 190
Córdoba 190
Granada 191
Las Palmas 191
León 191
Madrid 192
Málaga 192
Murcia 193
Oviedo 193
Salamanca 193
Santander 194
Sevilla 194
Valencia 194
Valladolid 194

Zaragoza 195

Türkei
Adena 199
Ankara 200f.
Balikesir 201
Çankkale 202
Diyarbakir 202
Erkisehir 202
Erzurum 203
Gaziantep 203
Istanbul 203ff.
Izmir 205
Kayseri 206
Manisa 206

Jura

Belgien
Antwerpen 18
Brüssel 18, 20
Gent 21
Löwen 21f.
Lüttich 22
Namur 23
Wilrijk-Antwerpen 23f.

Dänemark
Åbenrå 30
Ålborg 30
Århus 30

Finnland
Helsinki 40
Rovaniemi 42
Turku 44

Frankreich
Aix-en-Provence 50f.
Amiens 51
Angers 51
Avignon 51
Besançon 52
Brest 52

Caen 52
Chambéry 53
Clermont-Ferrand 53
Corte 54
Dijon 54
Grenoble 55f.
Le Havre 55
Lille 55f.
Limoges 56
Lyon 56
Metz 57
Montpellier 57
Mont-Saint-Aignan 58
Nancy 59
Nanterre 59
Nantes 59
Nizza 60
Orléans 60
Orsay 60
Paris 60f.
Rennes 63
Saint-Denis 64
Saint-Etienne 64
Strasbourg 65
Talence 65
Toulon 65

Toulouse 65

Griechenland
Athen 72f.
Komotini 74
Piraeus 75
Thessaloniki 75

Großbritannien
Aberdeen 81
Aberystwyth 82
Belfast 82
Birmingham 82
Bristol 83
Buckingham 83
Cambridge 84
Coventry 84
Dundee 85
Edinburgh 85
Glasgow 85
Huddersfield 86
Hull 86
Kingston upon Thames 86
Leeds 86
Leicester 87
Liverpool 87
London 88

Manchester 88
Newcastle 89
Norwich 89
Nottingham 89
Oxford 90
Sheffield 90
Southampton 90
Wolverhampton 91

Irland
Cork 97
Dublin 99f.
Galway 100

Italien
Bari 106f.
Bologna 107
Cagliari 107
Camerino 108
Camphobasso 108
Catania 108
Ferrara 109
Florenz 109
Genua 109
Mailand 110
Mecerata 111
Messina 111
Modena 111
Neapel 112
Padova 112
Palermo 112
Parma 113
Perugia 113
Pisa 114
Regio Calabria 114
Rom 115
Salerno 115
Sassari 115

Siena 116
Teramo 116
Triest 116
Turin 117
Urbino 117

Luxemburg
Luxembourg 120

Niederlande
Amsterdam 126f.
Groningen 129
Leiden 130
Maastricht 130
Nijmwegen 130
Rotterdam 131
Tilburg 132
Utrecht 132

Österreich
Graz 148
Innsbruck 148
Klagenfurt 149
Linz 149
Salzburg 150
Wien 151

Portugal
Coimbra 158
Lissabon 159f.
Porto 161f.

Schweden
Göteborg 169
Jönköping 170
Lund 172
Stockholm 173
Uppsala 175

Schweiz
Basel 180
Bern 181
Fribourg 181
Genf 181
Lausanne 182
Neuchâtel 182
St. Gallen 182
Zürich 183

Spanien
Alicante 188
Barcelona 189
Bilbao 189
Cáceres 190
Cádiz 190
Ciudad Real 190
Córdoba 190
Granada 191
La Laguna 191
León 191
Madrid 192
Málaga 192
Murcia 193
Oviedo 193
Palma de Mallorca 193
Salamanca 193
Santander 194
Sevilla 194
Valencia 194
Valladolid 194
Zaragoza 195

Türkei
Istanbul 203ff.

Kunst/Kunstgeschichte/Design

Dänemark
Åbenrå 30
Kopenhagen 31

Finnland
Helsinki 39f.

Frankreich
Amiens 51
Clermont-Ferrand 53
Dijon 54
Grenoble 55

Metz 57
Montpellier 58
Nancy 59
Nanterre 59
Nizza 60
Paris 60f.

Pau 62
Perpignan 62
Poitiers 63
Rennes 63
Saint-Denis 64
Strasbourg 64
Talence 65
Toulouse 66
Tours 66
Villeneuve d'Ascq 67

Griechenland
Athen 73

Großbritannien
Aberdeen 81
Aberystwyth 82
Belfast 82
Birmingham 82
Bristol 83
Coventry 84
Derby 84
Dundee 85
Edinburgh 85
Glasgow 85
Hatfield 85
Huddersfield 86
Hull 86
Kingston upon Thames 86
Leeds 86
Leicester 87
Liverpool 87

Manchester 88
Newcastle 89
Norwich 89
Nottingham 89
Oxford 89
Sheffield 90
Southampton 90
Wolverhampton 91
York 91

Irland
Bishopstown 97
Dublin 98ff.
Galway 100

Italien
Neapel 111
Siena 116
Viterbo 118

Niederlande
Amsterdam 126
Utrecht 132

Norwegen
Bergen 140
Oslo 142
Tromsø 143
Trondheim 143

Österreich
Linz 149
Salzburg 149f.
Wien 150f.

Portugal
Funchal/Madeira 159
Lissabon 160f.
Porto 162

Schweden
Falun 168
Göteborg 169
Linköping 172
Skövde 173
Stockholm 174
Umeå 174

Schweiz
Biel 181

Spanien
Barcelona 189
Cáceres 190
Ciudad Real 190
Granada 191
León 191
Salamanca 193

Türkei
Adena 199
Ankara 200f.
Çankkale 202
Erkisehir 202
Erzurum 203
Istanbul 204f.
Kayseri 206

Mathematik

Belgien
Brüssel 20
Mons 23

Dänemark
Århus 30
Kopenhagen 31
Lyngby 31
Odense 31

Finnland
Helsinki 39
Joensuu 41
Jyväskyla 41
Kuopio 41
Oulu 42
Tampere 43
Turku 43f.

Frankreich
Aix-en-Provence 50f.
Amiens 51
Angers 51
Avignon 51
Besançon 52
Brest 52
Caen 52

Chambéry 53
Clermont-Ferrand 53
Corte 54
Dijon 54
Grenoble 54f.
Limoges 56
Lyon 56
Marseille 57
Mont-Saint-Aignan 58
Mulhouse 58
Nancy 59
Orsay 60
Paris 61f.
Pau 62
Perpignan 62
Reims 63
Strasbourg 64
Vielleneuve d'Ascq 67
Villeurbanne 68

Griechenland
Athen 72
Ioannina 74
Komotini 74
Patras 74
Rethymnon 75
Thessaloniki 75

Großbritannien
Aberdeen 81
Bath 82
Bristol 83
Buckingham ?
Cambridge 84
Coventry 84
Derby 84
Hatfield 85
Huddersfield 86
Hull 86
Leicester 87
London 88
Oxford 89f.
Southampton 90
York 91

Irland
Cork 97
Dublin 97–100
Galway 100
Limerick 100f.
Maynooth 101

Italien
L'Aquila 106
Bari 106
Bologna 107
Camerino 108
Camphobasso 108
Catania 108
Chieti 108
Consenza 109
Ferrara 109
Florenz 109
Genua 109
Mailand 110
Messina 111
Modena 111
Neapel 112
Palermo 112
Parma 113
Pavia 113
Perugia 113
Pisa 114
Potenza 114
Rom 114f.
Salerno 115
Siena 116
Triest 116
Turin 117
Urbino 117
Venedig 118
Verona 118
Viterbo 118

Niederlande
Amsterdam 126f.
Enschede 129
Groningen 129
Leiden 130
Nijmwegen 130
Rotterdam 131
Tilburg 132
Utrecht 132

Norwegen
Bergen 140
Mørkved 141
Oslo 142
Stavanger 142
Tromsø 143
Trondheim 143

Österreich
Graz 148
Innsbruck 148
Klagenfurt 149
Linz 149
Salzburg 150
Wien 150f.

Portugal
Aveiro 157
Braga 157
Coimbra 158
Corvilha 158
Évora 158
Faro 158
Funchal/Madeira 159
Lissabon 159f.
Porto 162

Schweden
Göteborg 169
Lund 172
Stockholm 173
Uppsala 175

Schweiz
Fribourg 181
Lausanne 182
Zürich 183

Spanien
Alcalá de Henares 188
Barcelona 189
Cáceres 190
Cádiz 190
Ciudad Real 190
Granada 191
La Laguna 191
Málaga 192

Register der Fächer **225**

Murcia 193
Palma de Mallorca 193
Salamanca 193
Santander 194
Sevilla 194
Valencia 194
Valladolid 194

Türkei
Adena 199
Ankara 200f.
Aydin 201
Çankkale 202
Diyarbakir 202
Edirne 202
Erkisehir 203
Erzurum 203
Gaziantep 203

Istanbul 203ff.
Izmir 205
Kampüs/Antalya 205
Kayseri 206
Kütahya 206
Manisa 206

Medizin/Gesundheitswesen/Zahnmedizin

Belgien
Antwerpen 18
Brüssel 20
Gent 21
Löwen 21f.
Lüttich 22
Namur 23
Wilrijk-Antwerpen 23f.

Dänemark
Århus 30
Kopenhagen 31
Odense 31

Finnland
Helsinki 39
Kuopio 41
Oulu 42
Rovaniemi 42
Tampere 43
Turku 43f.

Frankreich
Aix-en-Provence 50f.
Amiens 51
Angers 51
Besançon 52
Bordeaux 52
Caen 52
Clermont-Ferrand 53

Créteil 54
Dijon 54
Grenoble 54
Lille 55f.
Limoges 56
Marseille 57
Montpellier 58
Mont-Saint-Aignan 58
Nancy 59
Nantes 59
Nizza 60
Orsay 60
Paris 61f.
Poitiers 63
Reims 63
Rennes 63
Saint-Etienne 64
Talence 65
Toulouse 66
Tours 66
Villeurbanne 68

Griechenland
Athen 72f.
Ioannina 74
Komotini 74
Patras 74
Thessaloniki 75

Großbritannien
Aberdeen 81
Bath 82

Belfast 82
Birmingham 82
Bristol 83
Cambridge 84
Cardiff 84
Coventry 84
Derby 84
Dundee 85
Edinburgh 85
Huddersfield 86
Leeds 86
Leicester 87
Liverpool 87
London 88
Manchester 88
Newcastle 89
Norwich 89
Oxford 89f.
Sheffield 90
Southampton 90
Wolverhampton 91

Irland
Cork 97
Dublin 98ff.
Galway 100

Italien
Ancona 106
Bari 106
Bologna 107
Brescia 107
Cagliari 107

Camerino 108
Catania 108
Chieti 108
Ferrara 109
Florenz 109
Genua 109
Mailand 110
Messina 111
Modena 111
Neapel 112
Padova 112
Palermo 112
Pavia 113
Perugia 113
Pisa 114
Regio Calabria 114
Rom 114f.
Sassari 115
Siena 116
Teramo 116
Triest 116
Turin 117
Udine 117
Verona 118

Niederlande
Amsterdam 126f.
Groningen 129
Leiden 130
Maastricht 130
Nijmwegen 130
Rotterdam 131
Utrecht 132

Norwegen
Alta 140
Ås 140

Bergen 140f.
Kanebogen 141
Mørkved 141
Oslo 142
Rena 142
Sogndal 142
Stavanger 142
Tromsø 143
Trondheim 143
Volda 144

Österreich
Graz 148
Innsbruck 148
Wien 151

Portugal
Coimbra 158
Lissabon 160
Porto 162

Schweden
Boden 168
Falun 168
Gävle 168f.
Göteborg 169
Huddinge 170
Karlstad 171
Kristianstad 171
Linköping 172
Lund 172
Umeå 174
Uppsala 175

Schweiz
Basel 180
Bern 181

Genf 181
Lausanne 182
Zürich 183

Spanien
Alcalá de Henares 188
Alicante 188
Barcelona 189
Cáceres 190
Cádiz 190
Córdoba 190
Granada 191
La Laguna 191
León 191
Madrid 192
Málaga 192
Murcia 193
Oviedo 193
Salamanca 193
Santander 194
Sevilla 194
Valencia 194
Valladolid 194

Türkei
Adena 199
Ankara 200f.
Aydin 201
Bolu 202
Çankkale 202
Diyarbakir 202
Erzurum 203
Istanbul 203ff.
Izmir 205
Kampüs/Antalya 205

Musik/Musikwissenschaften

Belgien
Brüssel 20

Dänemark
Ålborg 30
Århus 30

Kopenhagen 31

Finnland
Helsinki 39
Jyväskyla 41

Frankreich
Besançon 52
Dijon 54
Lyon 56
Montpellier 58

Mont-Saint-Aignan 58
Nancy 59
Nizza 60
Paris 61
Pau 62
Poitiers 63
Saint-Denis 64
Strasbourg 64
Tours 66
Vielleneuve d'Ascq 67

Griechenland
Thessaloniki 75

Großbritannien
Aberystwyth 82
Cambridge 84
Derby 84
Edinburgh 85
Huddersfield 86

Hull 86
Liverpool 87
London 88
Oxford 90
Sheffield 90

Irland
Bishopstown 97
Cork 97
Dublin 99f.
Limerick 100
Maynooth 101

Italien
Pavia 113

Norwegen
Oslo 142
Trondheim 143

Österreich
Graz 148

Innsbruck 148
Salzburg 149
Wien 150f.

Portugal
Coimbra 158
Guarda 159
Lissabon 161
Porto 161

Schweden
Göteborg 169
Luleå 172
Lund 172
Örebro 173
Skövde 173
Stockholm 173

Spanien
Ciudad Real 190
Salamanca 193
Valencia 194

Naturwissenschaften/Biologie/Chemie/Physik

Belgien
Antwerpen 18
Arlon 18
Brüssel 19f.
Gent 21
Löwen 21f.
Lüttich 22
Mons 23
Namur 23
Wilrijk-Antwerpen 23f.

Dänemark
Ålborg 30
Århus 30
Kopenhagen 31
Lyngby 31
Odense 31
Roskilde 32

Finnland
Helsinki 39f.
Joensuu 41
Jyväskyla 41
Kuopio 41
Oulu 42
Tampere 43
Turku 43f.

Frankreich
Aix-en-Provence 50f.
Amiens 51
Angers 51
Avignon 51
Besançon 52
Bordeaux 52
Brest 52
Caen 52
Chambéry 53

Clermont-Ferrand 53
Corte 54
Créteil 54
Dijon 54
Grenoble 54f.
Le Havre 55
Lille 55
Limoges 56
Marseille 57
Metz 57
Montpellier 58
Mont-Saint-Aignan 58
Mulhouse 58
Nancy 59
Nantes 59
Nizza 60
Orléans 60
Orsay 60
Paris 61f.

Register der Fächer

Pau 62
Perpignan 62
Poitiers 63
Reims 63
Rennes 63
Saint-Etienne 64
Strasbourg 64
Talence 65
Toulon 65
Tours 66
Vielleneuve d'Ascq 67
Villeurbanne 68

Griechenland
Athen 72
Ioannina 74
Komotini 74
Patras 74
Piraeus 75
Rethymnon 75
Thessaloniki 75

Großbritannien
Aberdeen 81
Bath 82
Belfast 82
Birmingham 82
Bradford 83
Bristol 83
Cambridge 84
Coventry 84
Dundee 85
Hatfield 85
Huddersfield 86
Hull 86
Leicester 87
Liverpool 87
London 88
Manchester 88
Norwich 89
Oxford 89f.
Sheffield 90
York 91

Irland
Bishopstown 97
Cork 97
Dublin 97–100
Galway 100
Maynooth 101
Waterford 101

Italien
Ancona 106
L'Aquila 106
Bologna 107
Cagliari 107
Camerino 108
Camphobasso 108
Catania 108
Chieti 108
Consenza 109
Ferrara 109
Florenz 109
Genua 109
Lecce 110
Mailand 110
Messina 111
Modena 111
Neapel 112
Padova 112
Palermo 112
Pavia 113
Perugia 113
Pisa 114
Potenza 114
Rom 114f.
Salerno 115
Sassari 115
Siena 116
Turin 117
Udine 117
Urbino 117
Verona 118
Viterbo 118

Niederlande
Amsterdam 126f.
Delft 127
Eindhoven 128
Enschede 129
Groningen 129
Harlem 130
Leiden 130
Nijmwegen 130
Rijswijk 131
Rotterdam 131
Tilburg 132
Utrecht 132f.
Wageningen 133

Norwegen
Alta 140
Ås 140
Bergen 140
Mørkved 141
Oslo 142
Rena 142
Sogndal 142
Tromsø 143
Trondheim 143

Österreich
Graz 148
Innsbruck 148
Loeben 149
Linz 149
Salzburg 150
Wien 150f.

Portugal
Aveiro 157
Braga 157
Coimbra 158
Corvilha 158
Évora 158
Faro 158
Funchal/Madeira 159
Lissabon 160
Ponta Delgada/Azoren 161
Porto 162

Schweden
Borås 168
Göteborg 169
Kalmar 171
Karlstad 171
Kristianstad 171
Linköping 172
Örebro 172
Stockholm 173f.
Umeå 174
Uppsala 175

Register der Fächer

Schweiz
Basel 180
Fribourg 181
Genf 181
Lausanne 182
Zürich 183

Spanien
Alcalá de Henares 188
Alicante 188
Barcelona 189
Cáceres 190
Cádiz 190
Ciudad Real 190
Córdoba 190

Granada 191
Las Laguna 191
León 191
Madrid 192
Málaga 192
Murcia 193
Oviedo 193
Palma de Mallorca 193
Salamanca 193
Santander 194
Sevilla 194
Valencia 194
Valladolid 194
Zaragoza 195

Türkei
Adena 200
Ankara 200f.
Bolu 202
Çankkale 202
Diyarbakir 202
Erzurum 203
Gaziantep 203
Istanbul 203ff.
Izmir 205
Kampüs/Antalya 205
Kayseri 206
Kütahya 206
Manisa 206

Pädagogik

Belgien
Brüssel 20
Löwen 21f.
Lüttich 22

Finnland
Helsinki 39
Joensuu 41
Jyväskyla 41
Oulu 42
Rovaniemi 42

Tampere 43
Turku 43f.

Irland
Dublin 99

Österreich
Klagenfurt 149

Schweden
Härnösand 170

Linköping 172
Örebro 172
Stockholm 174
Trollhättan 174
Väterås 175
Växjö 175

Schweiz
Genf 181

Pharmazie

Belgien
Antwerpen 18
Brüssel 20
Gent 21
Löwen 21f.
Lüttich 22
Namur 23
Wilrijk-Antwerpen 23f.

Dänemark
Århus 30
Kopenhagen 31

Finnland
Helsinki 39
Kuopio 41

Frankreich
Amiens 51

Angers 51
Besançon 52
Bordeaux 52
Caen 52
Clermont-Ferrand 53
Dijon 54
Grenoble 54
Lille 56
Limoges 56

Marseille 57
Montpellier 57
Mont-Saint-Aignan 58
Nancy 59
Nantes 59
Orsay 60
Paris 61
Reims 63
Rennes 63
Strasbourg 64
Toulouse 66
Tours 66
Villeurbanne 68

Großbritannien
Bath 82
Bristol 83
Leicester 87

Irland
Cork 97
Dublin 100
Galway 100

Italien
Bari 106
Bologna 107
Cagliari 107

Camerino 108
Catania 108
Chieti 108
Consenza 109
Ferrara 109
Florenz 109
Genua 109
Messina 111
Modena 111
Palermo 112
Parma 113
Pavia 113
Perugia 113
Regio Calabria 114
Rom 115
Salerno 115
Sassari 115
Siena 116
Triest 116
Turin 117
Urbino 117

Niederlande
Groningen 129

Norwegen
Oslo 142

Österreich
Graz 148

Innsbruck 148
Wien 151

Portugal
Coimbra 158
Lissabon 160
Porto 162

Schweden
Uppsala 175

Schweiz
Lausanne 182
Zürich 183

Spanien
Alcalá de Henares 188
Barcelona 189
Cádiz 190
La Laguna 191
Madrid 192
Salamanca 193
Sevilla 194

Türkei
Ankara 200f.
Erkisehir 203

Philologie/Sprachen

Belgien
Antwerpen 18
Brüssel 18, 20
Gent 21
Löwen 21f.
Lüttich 22
Mons 23
Namur 23
Wilrijk-Antwerpen 23f.

Dänemark
Århus 30

Kopenhagen 31
Odense 31
Roskilde 32

Finnland
Helsinki 39
Joensuu 41
Jyväskyla 41
Oulu 42
Tampere 43
Turku 43f.
Vaasa 44

Frankreich
Amiens 51
Angers 51
Avignon 51
Besançon 52
Brest 52
Caen 52
Chambéry 53
Clermont-Ferrand 53
Corte 54
Créteil 54
Dijon 54

Le Havre 55
Limoges 56
Lyon 56
Metz 57
Montpellier 58
Mont-Saint-Aignan 58
Mulhouse 58
Nancy 59
Nanterre 59
Nantes 59
Nizza 60
Orléans 60
Paris 61f.
Pau 62
Perpignan 62
Poitiers 63
Reims 63
Rennes 63
Saint-Denis 64
Saint-Etienne 64
Strasbourg 64
Talence 65
Toulon 65
Toulouse 66
Tours 66
Vielleneuve d'Ascq 67

Griechenland
Athen 72f.
Ioannina 74
Rethymnon 75
Thessaloniki 75

Großbritannien
Bath 82
Bristol 83
Buckingham 83
Cambridge 84
Derby 84
Dundee 85
Edinburgh 85
Glasgow 85
Huddersfield 86
Hull 86
Kingston upon Thames 86
Leeds 86
Leicester 87
Liverpool 87
London 88
Manchester 88
Norwich 89
Wolverhampton 91
York 91

Irland
Cork 97
Dublin 97–100
Galway 100
Limerick 100f.
Maynooth 101
Waterford 101

Italien
L'Aquila 106
Bari 106
Bergamo 107
Bologna 107
Cagliari 107
Cassino 108
Catania 108
Chieti 108
Consenza 109
Ferrara 109
Florenz 109
Genua 109
Lecce 110
Mailand 110
Mecerata 111
Messina 111
Padova 112
Palermo 112
Parma 113
Pavia 113
Perugia 113
Pisa 114
Potenza 114
Salerno 115
Sassari 115
Siena 116
Triest 116
Turin 117
Udine 117
Urbino 117
Venedig 118
Verona 118
Viterbo 118

Niederlande
Alkmaar 126
Amsterdam 126
Groningen 129
Leiden 130
Nijmegen 130
Rotterdam 131
Tilburg 132

Norwegen
Alta 140
Bergen 141
Mørkved 141
Oslo 142
Rena 142
Stavanger 142
Tromsø 143
Trondheim 143
Volda 144

Österreich
Graz 148
Innsbruck 148
Klagenfurt 149
Salzburg 150
Wien 151

Portugal
Coimbra 158
Faro 158
Funchal/Madeira 159
Lissabon 159ff.
Ponta Delgada/Azoren 161
Porto 162

Schweden
Göteborg 169
Hamlstad 170
Karlskrona 171
Karlstad 171
Linköping 172
Lund 172
Örebro 173
Skövde 173
Stockholm 173

Trollhättan 174
Umeå 174
Uppsala 175
Växjö 175

Schweiz
Fribourg 181
Genf 181
Lausanne 182
Neuchâtel 182
Zürich 183

Spanien
Alcalá de Henares 188
Alicante 188
Barcelona 189
Bilbao 189
Cáceres 190
Cádiz 190
Ciudad Real 190
Córdoba 190
Granada 191
La Laguna 191
León 191
Madrid 192
Málaga 192
Murcia 193
Oviedo 193
Palma de Mallorca 193
Salamanca 193
Sevilla 194
Valencia 194
Valladolid 194
Zaragoza 195

Türkei
Adena 200
Ankara 200f.
Balikesir 201
Bolu 202
Çankkale 202
Diyarbakir 202
Edirne 202
Erkisehir 203
Erzurum 203
Gaziantep 203
Istanbul 203ff.
Izmir 205
Kampüs/Antalya 205
Kayseri 206
Kütahya 206
Manisa 206

Philosophie

Belgien
Antwerpen 18
Brüssel 20
Gent 21
Löwen 21f.
Lüttich 22
Mons 23

Dänemark
Åbenrå 30
Ålborg 30
Århus 30
Kopenhagen 31
Roskilde 32

Finnland
Helsinki 39
Jyväskyla 41
Tampere 43
Turku 44
Vaasa 44

Frankreich
Amiens 51
Besançon 52
Brest 52
Caen 52
Clermont-Ferrand 53
Créteil 54
Dijon 54
Grenoble 54f.
Lyon 56
Montpellier 58
Mont-Saint-Aignan 58
Nancy 59
Nanterre 59
Nizza 60
Paris 60f.
Poitiers 63
Reims 63
Saint-Denis 64
Strasbourg 64
Toulouse 66
Tours 66
Vielleneuve d'Ascq 67

Griechenland
Athen 72f.
Ioannina 74
Rethymnon 75
Thessaloniki 75

Großbritannien
Aberystwyth 82
Cambridge 84
Leicester 87
Liverpool 87
London 88
Manchester 88

Irland
Cork 97
Dublin 99f.
Galway 100
Limerick 100
Maynooth 101

Italien
Bari 106
Bologna 107

Cagliari 107
Catania 108
Consenza 109
Lecce 110
Mailand 110
Mecerata 111
Neapel 112
Padova 112
Pisa 114
Rom 115
Salerno 115
Sassari 115
Triest 116
Turin 117
Urbino 117
Venedig 118
Verona 118
Viterbo 118

Niederlande
Amsterdam 127
Groningen 129
Leiden 130
Nijmegen 130
Rotterdam 131
Tilburg 132

Utrecht 133

Norwegen
Alta 140
Bergen 141
Oslo 142
Trondheim 143
Volda 144

Österreich
Graz 148
Innsbruck 148
Klagenfurt 149
Linz 149
Salzburg 150
Wien 151

Portugal
Braga 157
Coimbra 158
Lissabon 160f.
Porto 162

Schweden
Göteborg 169
Stockholm 173

Umeå 174

Schweiz
Basel 180
Bern 181
Fribourg 181
Zürich 183

Spanien
Barcelona 189
Bilbao 189
Cáceres 190
Cádiz 190
Ciudad Real 190
Córdoba 190
Granada 191
La Laguna 191
Madrid 192
Málaga 192
Oviedo 193
Palma de Mallorca 193
Salamanca 193
Sevilla 194
Valencia 194
Valladolid 194

Politikwissenschaft

Belgien
Antwerpen 18
Brüssel 20
Gent 21
Löwen 21f.
Lüttich 22
Mons 23
Namur 23
Wilrijk-Antwerpen 23f.

Dänemark
Århus 30
Odense 31

Finnland
Helsinki 39
Tampere 43

Turku 44

Frankreich
Aix-en-Provence 50f.
Lyon 56
Orsay 60

Griechenland
Athen 72f.
Komotini 74
Thessaloniki 75

Großbritannien
Buckingham 83
Cambridge 84
Cardiff 84
Huddersfield 86

Hull 86
Southampton 90

Irland
Dublin 100
Galway 100

Italien
Bologna 107
Cagliari 107
Chieti 108
Florenz 109
Genua 109
Mailand 110
Mecerata 111
Messina 111
Neapel 112
Padova 112

Palermo 112
Pavia 113
Perugia 113
Pisa 114
Salerno 115
Sassari 115
Teramo 116
Triest 116
Turin 117
Urbino 117

Niederlande
Groningen 129

Nijmegen 130
Utrecht 133

Österreich
Innsbruck 148

Portugal
Lissabon 160f.

Schweden
Karlskrona 171
Karlstad 171
Umeå 174

Växjö 175

Schweiz
Lausanne 182

Spanien
La Laguna 191

Türkei
Istanbul 204

Psychologie

Belgien
Brüssel 20
Gent 21
Löwen 21f.
Lüttich 22

Dänemark
Århus 30
Kopenhagen 31
Odense 31
Roskilde 32

Finnland
Helsinki 39
Joensuu 41
Jyväskyla 41
Tampere 43
Turku 43f.
Vaasa 43

Frankreich
Amiens 51
Angers 51
Besançon 52
Bordeaux 52
Caen 52
Chambéry 53
Clermont-Ferrand 53
Dijon 54

Grenoble 55
Lyon 56
Montpellier 58
Mont-Saint-Aignan 58
Nancy 59
Nanterre 59
Nantes 59
Nizza 60
Orsay 60
Paris 61f.
Poitiers 63
Reims 63
Rennes 63
Saint-Denis 64
Strasbourg 64
Toulouse 66
Tours 66
Vielleneuve d'Ascq 67

Griechenland
Athen 72f.
Ioannina 74
Rethymnon 75
Thessaloniki 75

Großbritannien
Bristol 83
Cardiff 84

Glasgow 85
Huddersfield 86
Hull 86
Leicester 87
Liverpool 87
Manchester 88
Oxford 90
Southampton 90

Irland
Cork 97
Dublin 100
Galway 100

Italien
Bologna 107
Rom 115

Niederlande
Amsterdam 127
Leiden 130
Maastricht 130
Tilburg 132
Utrecht 133f.

Norwegen
Bergen 141
Oslo 142
Trondheim 143

Österreich
Graz 148
Innsbruck 148
Klagenfurt 149
Linz 149
Salzburg 150
Wien 151

Portugal
Braga 157
Coimbra 158
Lissabon 160
Porto 162

Schweden
Gävle 168
Göteborg 169

Schweiz
Genf 181

Spanien
Barcelona 189
Ciudad Real 190
Granada 191
La Laguna 191
León 191
Madrid 192
Málaga 192
Murcia 193
Palma de Mallorca 193
Salamanca 193
Valencia 194
Valladolid 194

Sozialwissenschaften/Soziologie

Belgien
Brüssel 18, 20
Löwen 21f.
Lüttich 22
Mons 23
Namur 23
Wilrijk-Antwerpen 23f.

Dänemark
Åbenrå 30
Ålborg 30
Kopenhagen 31
Odense 31
Roskilde 32

Finnland
Helsinki 39
Joensuu 41
Jyväskyla 41
Kuopio 41
Rovaniemi 42
Turku 43f.

Frankreich
Amiens 51
Besançon 52
Bordeaux 52
Caen 52
Grenoble 55
Lille 55
Lyon 56
Montpellier 58
Mont-Saint-Aignan 58
Nancy 59
Nanterre 59
Nantes 59
Nizza 60
Paris 61f.
Perpignan 62
Rennes 63
Saint-Denis 64
Strasbourg 64
Toulouse 66
Tours 66
Vielleneuve d'Ascq 67

Griechenland
Athen 72f.
Komoṭini 74
Rethymnon 75

Großbritannien
Aberdeen 81
Birmingham 82
Bristol 83
Dundee 85
Edinburgh 85
Glasgow 85
Hatfield 85
Huddersfield 86
Hull 86
Kingston upon Thames 86
Leicester 87
Liverpool 87
London 88
Manchester 88
Newcastle 89
Oxford 89f.
Sheffield 90
Southampton 90
York 91

Irland
Cork 97
Dublin 99f.
Galway 100
Maynooth 101
Waterford 101

Italien
Cassino 108
Neapel 112
Rom 115
Urbino 117

Luxemburg
Luxembourg 120

Niederlande
Amsterdam 127
Groningen 129
Leiden 130
Nijmegen 130
Rotterdam 131
Tilburg 132
Utrecht 133

Norwegen
Bergen 141
Lillehammer 141
Mørkved 141
Oslo 142
Sogndal 142
Steinkjer 143
Tromsø 143
Trondheim 143

Österreich
Graz 148
Innsbruck 148
Klagenfurt 149
Linz 149
Salzburg 150
Wien 151

Portugal
Aveiro 157
Corvilha 158
Évora 158
Lissabon 159ff.
Porto 161f.

Schweden
Falun 168
Gävle 169
Göteborg 169
Härnösand 170
Hamlstad 170
Linköping 172
Lund 172
Örebro 173
Stockholm 173
Umeå 174
Uppsala 175
Växjö 175

Schweiz
Basel 180
Fribourg 181
Lausanne 182
Zürich 183

Spanien
Alicante 188
Barcelona 189
Bilbao 189
Córdoba 190
Granada 191
León 191
Madrid 192
Málaga 192
Palma de Mallorca 193
Salamanca 193

Türkei
Adena 200
Ankara 200f.
Bolu 202
Çankkale 202
Erkisehir 203
Erzurum 203
Istanbul 204
Kütahya 206

Theologie/Religionswissenschaft

Belgien
Brüssel 19f.
Gent 21
Löwen 22
Lüttich 22

Dänemark
Århus 30
Kopenhagen 31

Finnland
Helsinki 39
Joensuu 41
Turku 43

Frankreich
Lille 55
Lyon 56

Metz 57
Strasbourg 64

Griechenland
Athen 72f.
Thessaloniki 75

Großbritannien
Aberdeen 81
Aberystwyth 82
Belfast 82
Cambridge 84
Edinburgh 85
Glasgow 85
Liverpool 87
London 88
Oxford 90

Irland
Dublin 98ff.
Limerick 100

Niederlande
Amsterdam 127
Groningen 129
Leiden 130
Nijmegen 130
Tilburg 132
Utrecht 133

Norwegen
Alta 140
Bergen 141
Oslo 142
Tromsø 143
Trondheim 143

Volda 143

Österreich
Graz 148
Innsbruck 148
Salzburg 150
Wien 151

Portugal
Guarda 159

Lissabon 160

Schweden
Härnösand 170
Karlstad 171
Lund 172
Uppsala 175

Schweiz
Basel 180

Bern 181
Fribourg 181
Genf 181
Lausanne 182
Neuchâtel 182
Zürich 183

Spanien
Bilbao 189
Madrid 192

Tiermedizin

Belgien
Namur 23

Finnland
Helsinki 38

Großbritannien
Edinburgh 85
Glasgow 85
Liverpool 87

Irland
Dublin 99

Italien
Bari 106
Bologna 107
Mailand 110
Neapel 112
Padova 112

Parma 113
Perugia 113
Pisa 114

Niederlande
Utrecht 133
Wageningen 133

Norwegen
Oslo 151

Österreich
Wien 151

Portugal
Lissabon 161
Vila Real 163

Schweden
Uppsala 175

Schweiz
Bern 181
Zürich 183

Spanien
Barcelona 189
Cáceres 190
Córdoba 190
León 191
Madrid 192

Türkei
Adena 200
Ankara 200f.
Aydin 201
Diyarbakir 202
Istanbul 204
Kütahya 206

Verwaltungswissenschaften

Belgien
Löwen 22
Lüttich 22
Wilrijk-Antwerpen 23f.

Dänemark
Åbenrå 30

Finnland
Helsinki 39f.
Jyväskyla 41
Rovaniemi 42

Tampere 43
Turku 43
Vaasa 44

Frankreich
Aix-en-Provence 50f.

Besançon 52
Brest 52
Clermont-Ferrand 53
Le Havre 55
Lille 56
Limoges 56
Lyon 56
Marseille 57
Metz 57
Paris 61f.
Saint-Denis 64
Talence 65
Vielleneuve d'Ascq 67

Griechenland
Athen 73
Piraeus 75

Großbritannien
Aberdeen 81
Buckingham 83
London 88
Manchester 88
Wolverhampton 91

Italien
Mailand 110

Turin 117

Niederlande
Alkmaar 126
Breda 127
Deventer 128
Diemen 128
Enschede 129
Harlem 130
Leiden 130
Utrecht 132
Vlissingen 133
Zwolle 134

Norwegen
Lillehammer 141
Mørkved 141
Steinkjer 143
Trondheim 143
Volda 144

Österreich
Graz 148
Innsbruck 148

Portugal
Aveiro 156f.
Braga 157
Braganca 157

Coimbra 158
Corvilha 158
Lissabon 159ff.
Porto 161

Schweden
Borås 168
Göteborg 169
Karlskrona 171
Karlstad 171
Örebro 173
Stockholm 173
Växjö 175

Schweiz
St. Gallen 182
Zürich 183

Spanien
Alicante 188
Cádiz 190
Córdoba 190
Granada 191
Santander 194

Wirtschaftswissenschaften

Belgien
Antwerpen 18
Brüssel 18, 20
Gent 21
Löwen 21f.
Lüttich 22
Mons 23
Namur 23
Wilrijk-Antwerpen 23

Dänemark
Ålborg 30
Århus 30
Kopenhagen 31

Odense 31

Finnland
Helsinki 39f.
Joensuu 41
Jyväskyla 41
Lappeenranta 42
Oulu 42
Rovaniemi 42
Tampere 43
Turku 43f.
Vaasa 44

Frankreich
Aix-en-Provence 50f.
Amiens 51
Angers 51
Besançon 52
Brest 52
Caen 52
Chambéry 53
Clermont-Ferrand 53
Corte 54
Créteil 54
Dijon 54
Grenoble 55

Register der Fächer

Le Havre 55
Lille 55f.
Limoges 56
Lyon 56
Marseille 57
Metz 57
Montpellier 57
Mont-Saint-Aignan 58
Nancy 59
Nanterre 59
Nantes 59
Nizza 60
Orléans 60
Orsay 60
Paris 60ff.
Pau 62
Perpignan 62
Poitiers 63
Reims 63
Rennes 63
Saint-Denis 64
Saint-Etienne 64
Strasbourg 64f.
Talence 65
Toulon 65
Toulouse 65
Tours 66
Vielleneuve d'Ascq 67

Griechenland
Athen 72f.
Iraklion 74
Komotini 74
Patras 74
Piraeus 75
Rethymnon 75
Thessaloniki 75

Großbritannien
Aberdeen 81
Aberystwyth 82
Bath 82
Belfast 82
Birmingham 82
Bristol 83
Buckingham 83
Cambridge 84
Cardiff 84
Coventry 84
Derby 84
Glasgow 85
Hatfield 85
Huddersfield 86
Hull 86
Kingston upon Thames 86
Leeds 86
Leicester 87
Liverpool 87
Manchester 88
Norvich 89
Nottingham 89
Sheffield 90
Wolverhampton 91

Irland
Bishopstown 97
Carlow 97
Cork 97
Dublin 97–100
Galway 100
Limerick 101
Maynooth 101
Sligo 101
Waterford 101

Italien
Ancona 106
L'Aquila 106
Bari 106
Bergamo 107
Bologna 107
Brescia 107
Cagliari 107
Camphobasso 108
Cassino 108
Catania 108
Chieti 108
Consenza 109
Florenz 109
Genua 109
Lecce 110
Mailand 110
Mecerata ?
Messina 111
Modena 111
Neapel 111f.
Padova 112
Palermo 112
Parma 113
Pavia 113
Perugia 113
Pisa 114
Rom 115
Salerno 115
Sassari 115
Siena 116
Triest 116
Turin 117
Udine 117
Urbino 117
Venedig 118
Verona 118
Viterbo 118

Luxemburg
Luxembourg 120

Niederlande
Alkmaar 126
Amsterdam 127
Breda 127
Den Haag 128
Deventer 128
Diemen 128
Eindhoven 128
Emmen 129
Enschede 129
Groningen 129
Harlem 130
Maastricht 130
Rijswijk 131
Rotterdam 131
Tilburg 132
Utrecht 132
Venlo 133
Vlissingen 133
Wageningen 133
Zwolle 134

Norwegen
Alta 140
Bergen 140f.
Kanebogen 141
Lillehammer 141

Mørkved 141
Oslo 142
Rena 142
Sogndal 142
Stavanger 142
Steinkjer 143
Tromsø 143
Trondheim 143
Volda 144

Österreich
Graz 148
Innsbruck 148
Klagenfurt 149
Loeben 149
Linz 149
Wien 150f.

Portugal
Aveiro 156f.
Beja 157
Braga 157
Braganca 157
Coimbra 158
Corvilha 158
Évora 158
Faro 158
Guarda 159
Lissabon 159ff.
Ponta Delgada/Azoren 161
Porto 162
Viana do Castelo 163

Schweden
Falun 168
Gävle 169
Göteborg 169
Härnösand 170
Hamlstad 170
Jönköping 170
Kalmar 171
Karlstad 171
Kristianstad 171
Linköping 172
Luleå 172
Skövde 173
Stockholm 173f.
Umeå 174
Uppsala 175
Väterås 175
Växjö 175

Schweiz
Basel 180
Bern 181
Fribourg 181
Genf 181
Neuchâtel 182
St. Gallen 182

Spanien
Alcalá de Henares 188
Alicante 188
Barcelona 189
Cáceres 190
Cádiz 190
Granada 191

Las Palmas 191
León 191
Madrid 192
Málaga 192
Murcia 193
Oviedo 193
Palma de Mallorca 193
Salamanca 193
Santander 194
Sevilla 194
Valencia 194
Valladolid 194
Zaragoza 195

Türkei
Adena 200
Ankara 200f.
Aydin 201
Balikesir 201
Bolu 202
Çankkale 202
Diyarbakir 202
Erkisehir 203
Erzurum 203
Gaziantep 203
Istanbul 203ff.
Izmir 205
Kampüs/Antalya 205
Kayseri 206
Kütahya 206
Manisa 206

Nichts ist spannender als Wirtschaft. Woche für Woche.

Wirtschafts Woche

Jeden Donnerstag im Handel.
WirtschaftsWoche, Vertriebsservice, Postfach 37 52, 90018 Nürnberg

ECON PRAXIS

Jutta M. D. Siebers
Geld verdienen an der deutschen Terminbörse
TB 21273-7

Die deutsche Terminbörse ist eine Geldmaschine! Mit geringem Einsatz kann der Anleger sein Kapital oft um bis zu 100 Prozent vermehren. Aber keine Chance ohne Risiko: Schlechte Beratung oder ungeschickte Strategien bringen Verluste!·Wie Sie mit kleinem Einsatz und kalkulierbarem Risiko mit Optionen und Futures Geld verdienen können, ist hier leicht verständlich und schnell umsetzbar gezeigt: Für jede Börsensituation wird die passende Strategie geboten.

Sigrid Schulze
Tips für Wohnungssuchende
TB 21297-4

Eine geeignete Wohnung zu finden ist heute zwar schwierig, aber nicht aussichtslos. Immerhin werden pro Jahr rund 3 Millionen Wohnungen frei. Dieser praxisnahe Ratgeber beschreibt in kleinen strategischen Schritten von der Zeitungsannonce bis zum Einzug, wie man sein neues Zuhause findet. Dabei werden auch ungewöhnliche Möglichkeiten aufgezeigt. Checklisten helfen bei der Erfolgskontrolle.

Werner Siepe
Geld verdienen auf Kredit
So lohnt sich fremdfinanzierte Geldanlage
TB 21277-X

Es gibt Geldanlagen, bei denen sich die Aufnahme eines Kredits lohnt: Wenn man mit den Schulden Vermögen aufbaut. Dieses Buch zeigt alle Möglichkeiten, zur richtigen Zeit zu den besten Konditionen in die passende Geldanlage zu investieren. Checklisten und Berechnungsmodelle vervollständigen diesen kompetenten Ratgeber.

ECON TASCHENBÜCHER

ECON

ECON PRAXIS

Helmut Baumeiser
Mit neuen Beratungsideen zum Erfolg
Advice Industry, Firmenkonzepte, private Beratung
TB 21253-2

Der Beratungsmarkt floriert. In allen Bereichen unternehmerischer wie privater Entscheidungen ist zunehmend Rat gefragt. Die »Advice Industry die Beratung in allen Lebenslagen«, gewinnt auch in Europa immer mehr an Bedeutung. Das Buch zeigt Nischen und Spezialgebiete auf, mit denen man sich auf dem komplizierter werdenden Markt behaupten kann.

Martin Massow
Dienstleistungs-Atlas
Die Boom-Jobs von morgen
TB 22286-9

In diesem Buch werden die interessantesten Dienstleitstungsberufe aus 15 Branchen in informativen Tätigkeitsprofilen komprimiert vorgestellt. Mit informationen für Berufseinsteiger und -umsteiger, Existenzgründer und Teilzeitjobber; mit wichtigen Tips zur Berufswahl, zu Aus- und Weiterbildungswegen und Berufsförderungsmaßnahmen. Mit umfangreichem Anhang über Adressen und Datenbanken.

Martin Massow
Jobber-Atlas
1000 Tips für haupt- und nebenberufliche Tätigkeiten
TB 21271-0

Jede Menge Ideen und Tips für Jobber, neben- oder hauptberufliche Existenzgründer und alle, die beruflich mit Arbeitsbeschaffung zu tun haben: Teilzeittätigkeit, Zeitarbeitjobs, selbständige Nebenjobs und Existenzgründungen, Auslandsjobs. Mit den wichtigsten arbeits-, sozial- und steuerrechtlichen Bestimmungen. Mit ca. 220 nebenberuflichen Job- oder hauptberuflichen Existenzgründungsideen in Kurzform.

ECON TASCHENBÜCHER

ECON

ECON PRAXIS

Signe Zerrahn
Was tun, wenn das Geld nicht reicht?
Finanzielle Hilfen für kleinere und mittlere Einkommen
TB 21272-9

Dieses Buch ist randvoll mit geldwerten Tips und Hinweisen, wie man auch mit schmalem Budget gut wirtschaftet. Es zeigt, welche staatlichen Leistungen man in allen Lebenslagen beanspruchen kann, und nennt Institutionen, die in besonderen Notlagen weiterhelfen. Mit Checklisten und ausführlichem Adressenanhang.

Signe Zerrahn/Thomas Schindler
ECON Handbuch Arbeitslosigkeit
TB 21269-9

Arbeitslosigkeit ist nicht erst seit heute ein Thema. Aber seit heute besonders, da sie auch Berufsgruppen immer stärker betrifft, die sich bisher davor weitgehend sicher fühlten. Und gerade deren Mitglieder tun sich schwer mit dem ungewohnten Zustand, den sie häufig als »Schande« empfinden. In 10 Kapiteln bietet das Buch umfassende Informationen über alles Wissenswerte und -notwendige zum Thema Arbeitslosigkeit.

Signe Zerrahn/Thomas Schindler
Handbuch Sozialhilfe
TB 21178-1

Ein informativer Ratgeber, der die Sozialhilfe-Gesetzgebung erläutert und auch als Nachschlagewerk Fragen beantworten kann. Konkrete Tips, auch zu strittigen Fällen, Checklisten und ein Anhang mit wichtigen Fristen und Adressen ergänzen dieses hilfreiche Buch.

ECON TASCHENBÜCHER

ECON